AROMENFEUERWERK

VEGETARISCH

KATHARINA KÜLLMER

AROMENFEUERWERK

VEGETARISCH

DIE NEUE GRÜNE KÜCHE

EMF

EIN BUCH DER
EDITION MICHAEL FISCHER

INHALT

FRÜHSTÜCK

Granolas, Energy Balls, Marmeladen, Bowls und Waffeln

10

SMOOTHIES, JUICES & GETRÄNKE

Säfte, Smoothies, Milks, Shots und Drinks

42

BROTE, SNACKS, DIPS & CREMES

Sandwiches, Brote, Hummus, Puffer, Pickles und Chips

66

SUPPEN

Cremesuppen, Ramen und Pho

110

SALATE

Mit Gemüse, Reis, Dinkel, Quinoa und Buchweizen

132

HAUPTGERICHTE

Tacos, Gemüse, Pizza, Wraps, Eintöpfe, Bowls und Pasta

154

KUCHEN, DESSERTS & RAW BITES

Apfelkuchen, Datteln, Schokokuchen, Beeren und Nicecream

206

ZIMT

VORWORT

Wie wunderbar und köstlich kann gesunde Ernährung sein! Aromatische Kräuter, erntefrisches Gemüse, kerniges Getreide, knackige Körner und Nüsse sowie süße Früchte verführen mit ihren intensiven Aromen jeden Genießer. Frische und ausgewogene Mahlzeiten sind mir wichtig, und so verfolge ich keine spezielle Ernährungsweise, sondern beschäftige mich intensiv mit der Qualität und Herkunft der Lebensmittel, die ich verarbeite. Ich koche selbst mit möglichst naturbelassenen Zutaten und verwende köstliche Gewürze, die wahre Aromenfeuerwerke entzünden und zugleich wichtige Nährstoffe liefern.

Auch die zwei ersten Bände meiner Reihe „Aromenfeuerwerk" beinhalten schon Rezepte für eine saisonale, gesunde und genussvolle Ernährung. In diesem dritten Band aber möchte ich noch einen Schritt weiter gehen und zeigen, wie man noch gesünder kochen und dabei ebenso genießen kann wie mit den Rezepten der ersten beiden Bücher. Hier habe ich spannende vegetarische und oft auch vegane Rezepte gesammelt. Außerdem kommen alle Rezepte in diesem Buch ohne klassisches Weißmehl und raffinierten Zucker aus. Das klingt nach Verzicht? Nun, probiert es einfach aus. Mir hat beim Kochen und Essen nichts gefehlt, im Gegenteil: Eine gesunde Ernährung, die die Aromen der einzelnen Zutaten geschickt kombiniert, macht Gaumen, Körper und Geist glücklich.

Meine Küche ist geprägt von erntefrischen Produkten, die man überall auf den Marktständen entdecken kann. Hinzu kommen Gemüse, Früchte und Aromen aus aller Welt. Meine Liebe zu Kräutern und Gewürzen inspiriert mich täglich aufs Neue, und so finden sich auch in diesem Buch die leckersten Kreationen, die immer von einer kleinen Extraprise spannender Aromen abgerundet werden.

Wer meine ersten beiden Bücher kennt, wird beim Blättern in diesem Band merken, dass ich meinem Kochstil und meiner Liebe zu genussvollem Essen treu geblieben bin – meine Leidenschaft für gesunde Ernährung findet in diesem Buch aber noch mehr Platz. Diese Leidenschaft möchte ich gern mit euch teilen und euch zeigen, wie lecker, abwechslungsreich und spannend eine vegetarische und gesunde Küche sein kann.

Morgens starte ich gern mit einem gesunden und frischen Frühstück in den Tag, denn das liefert mir unglaublich viel Energie. Wenn ich Zeit für ein ausgedehnteres Frühstück habe, mag ich es herzhaft und warm, ich esse dann gern eine köstliche Bowl mit Wildreis und viel Gemüse. Für ein schnelles Frühstück liebe ich meine verschiedenen Rezepte für Energy Balls, Granola mit Nussmilch und Früchten oder auch Granola Bars.

Smoothies und Getränke sind ein toller Energielieferant für zwischendurch. Gerade wenn ich etwas brauche, um leistungsstärker zu sein, mache ich mir einen frischgepressten Juice oder Smoothie. In diesem Buch habe ich meine liebsten Getränke zusammengestellt, vom grünen Smoothie über geeiste Golden Milk und Möhren-Ingwer-Zitronen-Shot bis zum Wohlfühl-Schoko-Becher.

Brote, Snacks, Dips und Cremes sind Leckereien für den kleinen Hunger zwischendurch oder eine gesunde Alternative zu herkömmlichen Snacks bei einem Glas Wein am Abend mit Freunden. Köstliche Dips und Cremes, wie etwa meine heißgeliebten Hummus-Varianten, eignen sich hervorragend, um einen Rohkostteller in einen beglückenden Zwischensnack und simple Brote in raffinierte Sandwiches zu verwandeln. Bratlinge, Bällchen und Puffer sind nicht nur tolle Häppchen, sondern können in Kombination mit einem leckeren Salat auch ein

Hauptgericht sein. Sandwiches liebe ich als Snack oder Hauptgericht. Daher findet ihr hier eine kleine, feine Auswahl meiner Lieblinge, ein schnelles mediterranes Pfannenbrot genauso wie ein nussiges Spinatbrot mit allerlei versteckten Leckereien im Teig und herrlichen Toppings wie Cashew Cheese und cremigem Avocado-Kichererbsen-Mash.

Schon als kleines Mädchen habe ich Suppen geliebt. Meine Mama musste mir morgens oft eine Nudelsuppe machen. Auch wenn ich heute kaum noch Suppen zum Frühstück esse, mag ich sie nach wie vor sehr. Meine Zucchini-Pho-Bowl oder meine Thai-Erdnuss-Kokos-Suppe gehören ebenso wie die scharfe Möhren-Ingwer-Suppe zu meinen Favoriten.

Alle meine Salat-Rezepte sollen satt und glücklich machen. Sie enthalten Getreide als sättigende Basis, dazu verschiedene Gemüse, Nüsse, Kerne, viele aromatische Kräuter, Früchte und cremige Dressings. Toll, dass man reichhaltig genießen und dabei seinem Körper auch noch Gutes tun kann. Der Detox-Brokkolisalat ist einfach eine Wucht – ein Powerspender, der mit Brokkoli, Quinoa, vielen Nüssen und Kernen, Frühlingszwiebeln, Ingwer, Petersilie, Minze und Granatapfelkernen meine Energiereserven sofort wieder auffüllt.

Die Hauptgerichte in diesem Buch haben echtes Soulfood-Potenzial – von den reichlich belegten Naan-Broten mit scharfen Kichererbsen, Shiitake und Feta über Spinat-Crêpes mit Bohnenpüree, Pilzen, Zwiebeln, Sprossen und Cashew Cheese zu knusprigsten Kartoffeln mit Apfel, Avocado, Koriander und Zitrone. Hier findet ihr auch Rezepte für Wraps, Falafel Bowls und die verschiedensten Pizzen aus Kichererbsen- oder Dinkelmehl. Von Tacos kann ich nie genug bekommen – in diesem Buch gibt es daher zwei wunderbare Taco-Rezepte.

Gesunde Kuchen und Desserts bilden den krönenden Abschluss. Raw Brownie Bites, gefüllte Datteln mit Erdnussbutter, Carrot Cake Energy Balls oder ein fruchtig-süßer Apfelkuchen mit Dattelkaramell lassen keine Wünsche offen. Genuss ohne Reue wird in diesem Kapitel ganz groß geschrieben, denn alle Rezepte kommen ohne raffinierten Zucker oder klassisches Weißmehl aus. Auch Chocoholics kommen natürlich auf ihre Kosten.

Mit all diesen Rezepten möchte ich euch zeigen, wie wir in meiner Familie gesundes Essen genießen. Gerade als Mutter möchte man seine Liebsten und sich selbst möglichst gesund ernähren. Doch muss „gesund" nicht im Widerspruch zu „köstlich" stehen, denn Essen soll vor allem eins: glücklich machen – das ist mir das Wichtigste. Ich freue mich riesig, wenn es mir gelingt, euch mit meinen Rezepten und Bildern Appetit auf köstliche, gesunde Leckereien zu machen.

Apropos Familie: Dieses Buch widme ich meiner Mama Conny, die sich genau wie ich mit gesunder Ernährung beschäftigt. So konnte ich wunderbar neue Ideen mit ihr austauschen und von ihren Erfahrungen profitieren. Ohne ihre Unterstützung wäre dieses neue Buch nicht möglich gewesen. Ebenso ist das „Aromenfeuerwerk" meinem Mann Michael gewidmet, der mich bei all meinen Projekten liebevoll und selbstlos unterstützt und sich mit mir durch fast alle Rezepte probiert hat. Und schließlich ist dieses Buch meiner Tochter Marie gewidmet. Mein Wunsch ist es, dass sie mit einem großen Erfahrungsschatz an Geschmäckern aufwächst und voller Genuss isst.

Und schließlich widme ich dieses Buch all denjenigen, die sich gern gesund ernähren möchten, Spaß am Essen haben und nach spannenden neuen Rezepten suchen, die Gaumen, Körper und Seele glücklich machen. Denn darauf kommt es meiner Meinung nach an. Ich wünsche euch viel Spaß beim Kochen und Genießen.

Eure Katharina

FRÜHSTÜCK

In den letzten Jahren habe ich immer mehr gemerkt, wie wichtig ein achtsamer Start in den Tag ist. Zu meinem Morgenritual gehören ein Wasser mit Zitronensaft und eine Golden Milk. Je nach Bedarf frühstücke ich dazu größere oder kleinere Gerichte. Ist der Hunger eher klein, reichen mir zu meinen Getränken selbst gemachte Energy Balls oder Granolariegel. Wenn ich Appetit auf etwas mehr habe, liebe ich Granola mit Nussmilch und Früchten, herzhafte Waffeln mit Avocado oder einen Bulgur mit Ei und gebratenem Halloumi. Ich spüre, dass mich ein ausgewogenes Frühstück fit und leistungsfähig für den bevorstehenden Tag macht. Die ayurvedische Küche empfiehlt sogar ein warmes Frühstück. Gerade in den kühlen Monaten ist es ein toller Start in den Tag, der den Körper und die Selle wärmt und das Wohlbefinden steigert. Wer warm frühstückt, unterstützt das Immunsystem und hat genügend Power, um bis zum Mittagessen ohne Naschereien durchzuhalten. Egal was eure Vorlieben sind: Kleine oder große Frühstücksgerichte, warm oder kalt – bei meinen Frühstücksrezepten gibt es für euch leckere Ideen für den Start in den Tag.

Buchweizen | Dattel | Cranberry | Kerne | Mandel

BUCHWEIZEN-FRÜCHTE-GRANOLA MIT SELBST GEMACHTEM MANDELDRINK

Für 4 Personen

FÜR DEN MANDELDRINK

200 g Mandeln

FÜR DAS GRANOLA

100 g reife Banane

2 EL Ahornsirup

1 TL gemahlener Ceylon-Zimt

Tonkabohne

50 g getrocknete, entsteinte Datteln

70 g Buchweizen

40 g Mandeln

60 g Sonnenblumenkerne

2 EL Kürbiskerne

70 g Rosinen

50 g Cranberrys

2 EL Pistazien

ZUM SERVIEREN

100 g Früchte nach Wahl

vegan | glutenfrei | laktosefrei

Eine Nussmilch selbst zu machen, ist wirklich einfach. Das Tolle ist: Man weiß ganz genau, was drin ist, und man hat eine sehr gesunde und natürliche Alternative zu tierischer Milch. Der Mandeldrink ist die perfekte Begleitung zu diesem Granola mit seiner warmen Vanille-Karamell-Note.

Für den Mandeldrink die Mandeln kurz in einer Pfanne ohne Fett rösten. Dann in eine Schüssel geben, mit 1 l Wasser bedecken und über Nacht einweichen lassen. Das Wasser am nächsten Morgen abgießen, die Mandeln abspülen und mit 1 l frischem Wasser in einem Hochleistungsmixer mehrere Minuten pürieren. Eine Schüssel mit einem Passiertuch auslegen, das dickflüssige Mandelpüree hineingeben und durch das Tuch in die Schüssel passieren. Das Mandelpüree dabei kräftig auspressen. Den fertigen Mandeldrink in einer geschlossenen Glasflasche im Kühlschrank aufbewahren.

Für das Granola den Ofen auf 180 °C Ober-/Unterhitze vorheizen und ein Backblech mit Backpapier belegen.

Die Banane zerdrücken und mit Ahornsirup, Zimt und 1 Prise frisch geriebener Tonkabohne verrühren. Die Datteln fein hacken. Datteln, Buchweizen, Mandeln, Sonnenblumenkerne, Kürbiskerne, Rosinen und Cranberrys zur Banane geben. Alles gut miteinander vermischen und auf dem Backblech verteilen.

Das Granola im Ofen auf der zweiten Schiene von unten etwa 20 Minuten backen. Mehrmals durchrühren und immer wieder einen Blick darauf werfen, denn das Granola verbrennt leicht. Das fertige Granola abkühlen lassen, dabei gelegentlich wenden. Die Pistazien grob hacken und unterheben. Das vollständig ausgekühlte Granola in einem Glasgefäß mit Deckel aufbewahren.

Das Granola mit Früchten und Mandeldrink servieren.

TIPP

Pflanzliche Drinks kann man mit jeder Sorte von Nüssen oder Kernen machen. Wer es gern süßer mag, kann beim Mixen Datteln hinzufügen. Mandelmilch hält sich im Kühlschrank 2–3 Tage. Übrigens: Den Trester, also das ausgepresste Mandelpüree, kann man ausbreiten, kurz im Ofen trocken und daraus Energy Balls zubereiten (siehe S. 17).

Mandel | Rosine | Nuss | Cranberry | Aronia | Zimt | Tonkabohne

NO BAKE GRANOLA BARS

Für 4 Personen

100 g Mandeln

150 g Studentenfutter (Nüsse, Rosinen)

20 g Sonnenblumenkerne

30 g getrocknete Cranberrys

20 g getrocknete Aroniabeeren

55 g Haferflocken

50 g Kokosöl

150 ml Honig

1 TL gemahlener Ceylon-Zimt

Salz

Tonkabohne

AUSSERDEM

rechteckige Backform (ca. 20 x 10 cm)

laktosefrei

Das hier sind die perfekten selbst gemachten Müsliriegel für ein kleines Frühstück oder den kleinen Süßigkeiten-Jieper am Nachmittag. Anstatt zu ungesunden Schokoriegeln zu greifen, mache ich mir lieber diese knackigen, honiggesüßten Granolariegel mit jeder Menge Nuss-Power. So weiß ich, dass ich meinen Körper auf gesunde Art mit Energie versorge.

Mandeln, Studentenfutter, Sonnenblumenkerne, Cranberrys, Aroniabeeren und Haferflocken in einer großen Schüssel mischen.

Das Kokosöl mit dem Honig in einem kleinen Topf zum Kochen bringen, etwa 2 Minuten köcheln lassen und mit Zimt, 1 Prise Salz und 1 Prise frisch geriebener Tonkabohne würzen. Die Kokosöl-Honig-Mischung zu der Mandel-Beeren-Mischung geben und sorgfältig umrühren.

Eine Backform mit Backpapier auslegen und die Mischung hineingeben. Gut verteilen und mit den Händen andrücken. Alles 2 Stunden im Kühlschrank fest werden lassen, dann in Riegel in der gewünschten Größe schneiden. Die No Bake Granola Bars in einem luftdicht verschlossenen Behälter im Kühlschrank aufbewahren.

Haselnuss | Dattel | Kakao | Zimt | Lebkuchengewürz

ENERGY BALLS

Für ca. 16 Bällchen

FÜR DIE ENERGY BALLS

120 g Haselnusskerne

90 g getrocknete, entsteinte Datteln

2 EL Kakaopulver

1 TL Ahornsirup (wahlweise Honig)

1 TL gemahlener Ceylon-Zimt

1 Msp. Lebkuchengewürz

Salz

ZUM GARNIEREN

Kakaopulver

Lakritzpulver

vegan | glutenfrei | laktosefrei

Energy Balls mache ich mehrmals die Woche. Sie machen süchtig und versorgen mich sofort mit Energie. Wenn bei Erwachsenen oder Kindern die Naschlust zuschlägt, sind Nüsse, süße Datteln und jede Menge Kakao ein wunderbarer Ersatz für ungesunde Schokoriegel. Diese Energy Balls machen alle happy.

Die Haselnüsse in einer Pfanne ohne Fett einige Minuten unter gelegentlichem Rühren rösten. Dann die Nüsse mit den Datteln, Kakao, Ahornsirup, Zimt, Lebkuchengewürz und 1 Prise Salz in einen Hochleistungsmixer geben und zu einer homogenen Masse pürieren.

Die Masse mit den Händen zu kleinen Bällchen formen. Die Bällchen kann man einfach pur genießen oder zum Beispiel in Kakaopulver oder Lakritzpulver wälzen.

Energy Balls halten sich in einem verschlossenen Gefäß einige Tage im Kühlschrank.

TIPP

Man kann die Energy Balls nach Lust und Laune abwandeln: Statt Haselnüssen kann man auch andere Nüsse nehmen oder die gleiche Menge Trester, also das ausgepresste Mandelpüree von eurem selbst gemachten Mandeldrink (siehe S. 13), verwenden. Toll sind auch andere Trockenfrüchte. Und bei den Gewürzen kann man wunderbar experimentieren: Probiert die Bällchen doch mal mit Ingwer!

BROMBEER-CHIA-MARMELADE MIT THYMIAN UND PFEFFER

Für ein Glas Marmelade

200 g Brombeeren

2 Zweige Thymian

2 getrocknete, entsteinte Datteln

3 TL Kokosblütenzucker

Salz

2 Msp. Voatsiperifery-Pfeffer

2 EL Chia-Samen

AUSSERDEM

ein Schraubdeckel-Glas (200 ml)

vegan | glutenfrei | laktosefrei

Marmelade ohne raffinierten Zucker zu machen, ist einfacher als gedacht. Man kann sie ganz wunderbar mit Johannisbrotkernmehl (siehe S. 21) andicken – oder mit Chia-Samen, so wie bei dieser Variante. Das Tolle ist, dass man die Früchte dadurch viel intensiver schmeckt. Die eigene Süße wird hier noch mit einer kleinen Menge an Datteln und Kokosblütenzucker unterstützt. Thymian und Pfeffer passen prima zur Brombeermarmelade, wer es aber lieber klassisch mag, kann sie weglassen. Die Marmelade schmeckt auch mit Vanille.

Die Brombeeren verlesen, in einen Topf geben und mit einem Schuss Wasser bei schwacher Hitze köcheln lassen, bis sie zerfallen. Die Thymianblättchen von den Zweigen streifen und die Datteln grob hacken.

Brombeeren und Dattelstücke in ein hohes Gefäß geben und mit dem Stabmixer pürieren. Den Kokosblütenzucker unter die noch warme Brombeermarmelade rühren und mit 1 Prise Salz und dem Pfeffer abschmecken. Chia-Samen und Thymianblättchen unterrühren.

Die Marmelade in ein Schraubglas geben und im Kühlschrank aufbewahren. Sie hält sich dort einige Tage.

TIPP

Die Marmelade passt auf klassische Frühstücksbrötchen, aber auch zu meinem Kernigen Brot (siehe S. 77) oder zu den Spinat-Crêpes (siehe S. 163) – dann lasst ihr einfach die Füllung weg und genießt die Crêpes pur mit der Marmelade.

Tafel III
1. Brombeere
8. Ehrenpreis
S. 39
Thymi

HIMBEERMARMELADE MIT VANILLE

Für ein großes Glas Marmelade

500 g Himbeeren

1 Vanilleschote

1 ½ EL Kokosblütenzucker

Tonkabohne

1 TL Johannisbrotkernmehl

AUSSERDEM

ein großes Schraubdeckel-Glas (500 ml)

vegan | glutenfrei | laktosefrei

Diese Marmelade wird nicht lange gekocht. Die Himbeeren werden einfach mit etwas Kokosblütenzucker, Vanille und Tonkabohne püriert und dann mit Johannisbrotkernmehl angedickt. Man braucht kaum Zucker, alle Vitamine, Mineralstoffe und Antioxidantien bleiben erhalten, und vor allem: Ihr schmeckt so die pure Frucht.

Die Himbeeren verlesen und in ein hohes Gefäß geben. Die Vanilleschote längs halbieren, mit einem Messerrücken das Vanillemark herausstreichen und mit dem Kokosblütenzucker zu den Himbeeren geben. Die Himbeeren mit einem Stabmixer pürieren. Wer mag, kann die Marmelade anschließend durch ein feines Haarsieb passieren, um die kleinen Kernchen zu entfernen.

Die Marmelade mit 1 Prise geriebener Tonkabohne abschmecken. Das Johannisbrotkernmehl hinzufügen und sehr sorgfältig verrühren. Die Marmelade dickt nach kurzer Zeit etwas an.

TIPP

Statt mit Himbeeren könnt ihr diese Marmelade natürlich auch mit anderen Früchten machen. Leckere Varianten sind zum Beispiel Brombeere mit Pfeffer, Erdbeer-Rhabarber mit Vanille, Himbeer-Chili, Pfirsich-Basilikum ... eurer Fantasie sind keine Grenzen gesetzt. Die Marmelade hält sich in einem verschlossenen Schraubglas im Kühlschrank einige Tage.

Mandel | Erdnuss | Dattel | Schokolade | Blüten

PEANUTBUTTER ENERGY BALLS

Für ca. 12 Stück

130 g Mandeln

25 g geröstete, gesalzene Erdnusskerne

120 g getrocknete, entsteinte Datteln

35 g Erdnussmus

3 EL Kakaopulver

3 EL getrocknete essbare Blüten

vegan | glutenfrei | laktosefrei

Energy Balls sind Power-Lieferant Nummer eins bei uns zu Hause. Irgendwie mögen zwar nur wir Mädels diese Dinger, doch das ist mir gerade recht: So bleiben mehr leckere Energy Balls für uns übrig. Man kann die Energy Balls abwandeln, mehr verschiedene Nüsse verwenden oder mit den Pulvern experimentieren. Schau mal unten in den Tipp.

Die Mandeln in einer Pfanne ohne Fett anrösten. Mit Erdnüssen, Datteln und dem Erdnussmus in einen Hochleistungsmixer geben und zu einer homogen Masse mixen. Es dürfen aber ruhig noch Nussstückchen zu sehen sein, damit die Energy Balls einen schönen Biss haben. Aus der Masse kleine Bällchen formen und in dem Kakaopulver oder den Blüten wälzen.

TIPP

Die Energy Balls könnt ihr in den unterschiedlichsten Pulvern wälzen: Acaipulver, Spinatpulver, Kokosflocken, gehackter kandierter Ingwer, Kurkumapulver ... Lasst eurer Kreativität ruhig freien Lauf. Wenn ihr verschiedene Pulver nehmt, macht das auch optisch richtig was her.

SCHOKO-GRANOLA MIT JOGHURT, GRANATAPFEL UND BLUTORANGENSIRUP

Für 4 Personen

FÜR DAS GRANOLA

100 g Mandeln

50 g Sonnenblumenkerne

50 g Chia-Samen

100 g Pekannusskerne

80 g Haselnusskerne

3 EL geschroteter Leinsamen

3 EL Honig (wahlweise Ahornsirup)

2 TL gemahlener Ceylon-Zimt

2 EL Kakaopulver

50 g Raw Chocolate (100 %)
(wahlweise Raw Cacao Nibs)

FÜR DEN SIRUP

2 Blutorangen

ZUM SERVIEREN

½ Granatapfel

400 g griechischen Joghurt

glutenfrei

Man kann nie genug Granola vorrätig haben: fürs Frühstück, für den kleinen Hunger zwischendurch, oder wenn einen die Naschlust überkommt. Das Tolle ist, dass man beim Granola so wunderbar kreativ sein und die Zutaten nach Lust und Laune zusammenstellen kann. Lediglich das Verhältnis von trockenen und flüssigen Zutaten muss stimmen. Zu diesem Schoko-Granola passen auch Walnüsse, Erdnüsse, Pinienkerne oder Rosinen. Eine Prise Tonkabohne oder Vanillemark ist super. Aber auch etwas Kardamom ist prima ... ganz wie du Lust hast.

Den Ofen auf 180 °C Umluft vorheizen und ein Backblech mit Backpapier belegen.

Die Mandeln grob hacken und mit den Sonnenblumenkernen, Chia-Samen, Pekannüssen, Haselnüssen und Leinsamen in einer großen Schüssel mischen.

Den Honig oder Ahornsirup mit Zimt und Kakaopulver verrühren, zur Nussmischung geben und alles gut verrühren. Die Mischung gleichmäßig auf dem Backblech verteilen.

Das Granola auf der mittleren Schiene 10 Minuten backen. Zwischendurch mehrmals umrühren und wieder gut verteilen. Das Granola aus dem Ofen nehmen und auskühlen lassen. Die Schokolade mittelfein hacken und unter das abgekühlte Granola rühren. Alternativ kann man auch Raw Cacao Nibs nehmen.

Für den Sirup die Blutorangen auspressen und in einen kleinen Topf geben. Den Saft etwa 10 Minuten bei schwacher Hitze einköcheln lassen, bis ein Sirup entstanden ist. Den Sirup abkühlen lassen.

Die Kerne des Granatapfels auslösen. Joghurt auf vier Schüsseln verteilen. Granola hinzufügen, mit Granatapfelkernen bestreuen und alles mit dem abgekühlten Blutorangensirup beträufeln.

TIPP | Das Granola hält sich in einem verschlossenen Glasgefäß ein paar Wochen, ihr könnt also gleich etwas auf Vorrat machen.

Mandel | Buchweizen | Bengalischer Langpfeffer | Raw Chocolate

PFEFFRIGES GRANOLA MIT AVOCADO, ERDNUSS-DATTEL-CREME UND ERDBEEREN

Für 4 Portionen

FÜR DAS GRANOLA

180 g Mandeln

30 g gehobelte Mandeln

90 g Buchweizen

2 EL Kokosöl

2 EL Honig

4 Stangen Bengalischer Langpfeffer

100 g Raw Chocolate (100 %)

FÜR DIE ERDNUSS-DATTEL-CREME

200 g getrocknete, entsteinte Datteln

2 EL Erdnussmus

ZUM SERVIEREN

2 Avocados

60 g Erdbeeren

Mandeldrink (siehe S. 13)

glutenfrei | laktosefrei

Wenn ich mal nicht weiß, was ich frühstücken möchte: Ein Granola geht immer. Meist esse ich es einfach so mit etwas Nussmilch und Früchten. Aber auch diese pfeffrige Variante, serviert mit Avocado und Erdbeere, ist superköstlich. Selbst gemachtes Granola ist übrigens auch immer ein nettes Mitbringsel, wenn man Freunde besucht.

Den Ofen auf 180 °C Ober-/Unterhitze vorheizen. Ein Backblech mit Backpapier belegen.

Für das Granola die ganzen und die gehobelten Mandeln mit dem Buchweizen mischen. Flüssiges Kokosöl, Honig und den gemörserten Pfeffer unterrühren. Das Granola auf dem Backblech verteilen und im Ofen etwa 8–10 Minuten rösten, nach der Hälfte der Zeit einmal umrühren. Granola herausnehmen und auf dem Backblech auskühlen lassen. Einmal durchrühren.

Die Schokolade hacken und unter das vollständig abgekühlte Granola rühren.

Die Datteln mit dem Erdnussmus und 120 ml Wasser in ein hohes Gefäß geben und mit einem Stabmixer zu einer Creme mixen.

Das Granola in kleinen Schalen anrichten und die Erdnuss-Dattel-Creme dazugeben. Die Avocados halbieren, den Kern entfernen und das Fruchtfleisch quer in Scheiben schneiden. Mit einem Löffel auslösen und auf dem Granola verteilen. Die Erdbeeren waschen, trocken tupfen, halbieren und ebenfalls auf dem Granola verteilen. Mit so viel Mandeldrink servieren, wie man mag.

Bulgur | Mandel | Spinat | Ei | Kapern | Limette | Dukkah

FRÜHSTÜCKS-BULGUR MIT HALLOUMI, EIERN UND DUKKAH

Für 4 Personen

200 g Bulgur

100 g Mandeln

1 TL Kokosöl

Salz

frisch gemahlener Pfeffer

300 g Halloumi

50 g Baby-Spinat

60 g Kapern

1 EL Olivenöl (wahlweise Leinöl)

abgeriebene Schale und Saft von 2 Bio-Limetten

½ TL Salz (nach Belieben)

4 Eier (Größe M)

Dukkah (siehe S. 40)

Bulgur zum Frühstück? Ja! Ich liebe diesen Salat, wenn ich morgens größeren Hunger habe oder weiß, dass ich den Tag über nicht wirklich zum Essen komme. Er sättigt, macht glücklich und gibt Power. Überhaupt mag ich ein herzhaftes Frühstück sehr und gewöhne mir immer mehr an, morgens warm oder lauwarm zu essen. Kapern, Limettenschale und gehackter Spinat machen diesen Salat schön frisch, die Mandeln geben einen tollen Biss und Halloumi und Ei sorgen für den herzhaften Geschmack.

Den Bulgur nach Packungsanweisung in Salzwasser garen und anschließend in einem Sieb abtropfen lassen. In eine Schüssel geben und beiseitestellen. Die Mandeln in einer Pfanne ohne Fett anrösten, dann ½ TL Kokosöl hinzufügen, mit je 1 Prise Salz und Pfeffer würzen und kurz weiterrösten.

In der Zwischenzeit den Halloumi in Scheiben schneiden. Das restliche Kokosöl (½ TL) in einer Pfanne erhitzen und die Halloumi-Scheiben darin von beiden Seiten einige Minuten anbraten. Die gerösteten Mandeln zum Bulgur geben. Den Spinat waschen, trocken schleudern und fein hacken. Spinat, Kapern, Öl, Limettensaft und -schale zum Bulgur geben. Den Bulgursalat nach Belieben noch mit etwas Salz abschmecken.

In der Zwischenzeit die Eier wachsweich kochen, aus dem Topf nehmen und kurz mit kaltem Wasser abschrecken, um den Garprozess aufzuhalten. Die Eier schälen und halbieren.

Den Bulgursalat mit dem gebratenen Halloumi und den wachsweich gekochten Eiern anrichten. Alles mit Dukkah bestreuen und lauwarm genießen.

Quinoa | Kürbis | Baharat | Rotkohl | Dill | Petersilie | Ei

WARME QUINOA BOWL MIT POCHIERTEM EI UND KRÄUTERÖL

Für 4 Personen

FÜR DIE QUINOA BOWL

400 g Kürbis (Hokkaido)

5 TL Kokosöl

2 ¼ TL Meersalz

1 ¼ TL Baharat (Gewürzmischung)

160 g Rotkohl

400 g bunte Quinoa

1 EL Olivenöl

140 g bunter Mangold

Ein warmes Frühstück, das richtig satt macht und einen tollen Start in den Tag bietet. Das Gericht ist aber auch als Lunch oder Abendessen toll. Ich liebe es, wenn das flüssige Eigelb über die Quinoa und das Gemüse läuft und sich alles zu einer wunderbaren Leckerei vereint. Die selbst gerösteten Kürbiskerne aus dem Hokkaido-Kürbis geben köstlichen Crunch.

Den Ofen auf 180 °C Ober-/Unterhitze vorheizen.

Den Kürbis waschen und entkernen, die Kerne beiseitestellen. Den Kürbis in dünne Scheiben schneiden oder hobeln. In einer Schüssel 2 TL Kokosöl mit ½ TL Meersalz und 1 TL Baharat verrühren, den Kürbis hinzugeben und darin wenden, bis die Scheiben mit dem Gewürzöl überzogen sind. Ein Backblech mit Backpapier belegen und den Kürbis auf einer Hälfte ausbreiten.

Nun die Kürbiskerne von den Fasern befreien. Dazu die Kerne in eine Schüssel geben und mit reichlich Wasser bedecken. Die Kerne schwimmen nach oben, sodass man sie leicht aus den Fasern lösen kann. Die Kürbiskerne auf Küchenpapier legen und trocken tupfen, dabei werden die letzten Faserreste entfernt. In einer Schale ¼ TL Baharat, ¼ TL Meersalz und 1 TL Kokosöl vermischen. Die Kürbiskerne hinzugeben und darin wenden, bis sie mit dem Gewürzöl überzogen sind. Die Kerne zum Kürbis auf das Backblech legen.

Den Rotkohl in feine Streifen schneiden, mit 1 TL Kokosöl und ½ TL Meersalz mischen und ebenfalls auf das Backblech geben. Das Gemüse und die Kürbiskerne im vorgeheizten Ofen auf der mittleren Schiene 15–20 Minuten rösten. Die Kürbiskerne dabei einmal wenden.

In der Zwischenzeit die Quinoa mit 800 ml Wasser aufkochen und etwa 10 Minuten gar köcheln lassen. Abtropfen lassen und mit Olivenöl und ½ TL Meersalz würzen. Den Mangold waschen, trocken tupfen und Blätter und Stiele in dünne Streifen schneiden. In einer Pfanne 1 TL Kokosöl erhitzen und den Mangold darin einige Minuten anschwitzen. Mit ½ TL Meersalz würzen.

Weiter geht's auf der nächsten Seite.

FÜR DAS KRÄUTERÖL

½ Bund glatte Petersilie

½ Bund Dill

140 ml Olivenöl

¼ TL Meersalz

FÜR DIE POCHIERTEN EIER

2 EL Essig

4 Eier (Größe M)

glutenfrei | laktosefrei

Für das Kräuteröl Petersilie und Dill waschen, trocken schütteln und grob hacken. Die Kräuter in ein hohes Gefäß geben, Olivenöl und Meersalz hinzufügen und mit dem Stabmixer zu einem Kräuteröl mixen.

Für die pochierten Eier in einem mittelgroßen Topf 2 l Wasser zum Kochen bringen. Den Essig hinzufügen und die Temperatur reduzieren, bis das Wasser nur noch siedet. 1 Ei in eine Tasse aufschlagen, dabei darauf achten, dass das Eigelb unverletzt bleibt. Mit einem Holzlöffel einen Strudel im Wasser bilden, das Ei vorsichtig ins Wasser gleiten lassen und 3–4 Minuten pochieren. Das Ei mit einer Schöpfkelle herausnehmen, auf einen Teller geben und warm halten. Mit den restlichen Eiern genauso verfahren.

Kürbis, Kürbiskerne, Rotkohl und Mangold unter die warme Quinoa heben und auf Teller verteilen. Mit je einem pochierten Ei anrichten und mit dem Kräuteröl beträufeln.

TIPP | Wer mag, kann statt Quinoa auch Buchweizen nehmen. Für den zusätzlichen Crunch sorgen Pecannüsse, Mandeln oder Pinienkerne.

Vollkornreis | Brokkoli | Walnuss | Pilze | Kreuzkümmel | Baharat | Curry | Avocado

BROWN RICE BOWL MIT SPINAT-RÜHREI, BROKKOLI UND PILZEN

Für 4 Personen

FÜR DIE BOWL

200 g Vollkornreis

60 g Walnusskerne

4 ½ TL Kokosöl

2 EL Olivenöl

200 g gemischte Pilze

Meersalz

¼ TL gemahlener Kreuzkümmel

¼ TL Baharat (Gewürzmischung)

300 g Brokkoli

½ TL Madras-Currypulver

50 g Baby-Spinat

4 Eier (Größe M)

ZUM GARNIEREN

1 Avocado

Rettichkresse

frisch gemahlener schwarzer Pfeffer

glutenfrei | laktosefrei

Solch ein opulentes und nahrhaftes Frühstück esse ich am liebsten, wenn ich ganz viel Power für einen langen Arbeitstag brauche. Es versorgt mich mit vielen wichtigen Nährstoffen, und der Reis sättigt lange, liegt aber nicht schwer im Magen. Man kann Reis, Pilze und Brokkoli schon am Vorabend vorbereiten und wieder aufwärmen. Morgens muss man dann nur noch das Rührei braten und die Avocado schneiden. Das Gericht eignet sich auch als köstliche Power-mahlzeit für mittags oder abends.

Den Vollkornreis nach Packungsanweisung garen – er sollte noch ein wenig Biss haben. Die Walnüsse grob hacken. In einer Pfanne ½ TL Kokosöl erhitzen und die Walnüsse darin rösten, dann mit dem Olivenöl unter den Reis mischen.

Die Pilze putzen, in Scheiben schneiden oder halbieren. In einer Pfanne 2 TL Kokosöl erhitzen und die Pilze darin goldgelb anbraten. Mit 1 Prise Salz, Kreuzkümmel und Baharat würzen. Herausnehmen.

Den Brokkoli in kleine Röschen teilen und in Salzwasser bissfest kochen. Gut abtropfen lassen. In der Pfanne 2 TL Kokosöl erhitzen und den Brokkoli darin kurz andünsten. Mit 1 Messerspitze Salz und dem Currypulver würzen, aus der Pfanne nehmen.

Den Baby-Spinat waschen und trocken schleudern. Die Eier verquirlen und mit ½ TL Salz würzen. Den Spinat in die Pfanne geben und leicht zusammenfallen lassen, dann herausnehmen. Die Eier in die Pfanne geben und unter ständigem Wenden zu einem Rührei braten. Kurz vor Ende der Garzeit den Spinat wieder dazugeben.

Die Avocado halbieren und den Kern entfernen. Das Fruchtfleisch in Spalten schneiden und mit einem Löffel auslösen.

Den Vollkornreis mit den Pilzen, dem Brokkoli, dem Spinat-Rührei und den Avocado-Spalten auf Tellern anrichten, großzügig mit Rettichkresse und etwas frisch gemahlenem schwarzen Pfeffer garnieren.

Kichererbse | Kurkuma | Kreuzkümmel | Dill | Lauch | Erbse | Spinat

KICHERERBSEN-PFANNKUCHEN MIT GERÖSTETEM GEMÜSE

Für 4 Personen

FÜR DIE KICHERERBSEN-PFANNKUCHEN

100 g Kichererbsenmehl

2 EL Flohsamenschalen

je ½ TL Natron und Salz

½ TL Kurkumapulver

½ TL gemahlener Kreuzkümmel

Cayennepfeffer

80 g Lauch

1 TL Kokosöl

½ Bund Dill

FÜR DIE FÜLLUNG

70 g Lauch

2 rote Zwiebeln

1 Knoblauchzehe

½ TL Kokosöl

50 g Spinat

¼ TL Meersalz

150 g frische Erbsen (in Schoten)

ZUM GARNIEREN

Rettichkresse

vegan | glutenfrei | laktosefrei

Mit Kichererbsenmehl kann man tolle herzhafte Leckereien zaubern, und es ist eine prima Alternative zu klassischen Mehlsorten. Denn Kichererbsen zählen als Hülsenfrüchte zu den guten Kohlenhydraten. Sie sind eine gesunde Quelle für Eiweiß und Ballaststoff und enthalten viele wertvolle Mineralstoffe. Außerdem finde ich Kichererbsen einfach superlecker.

Kichererbsenmehl, Flohsamenschalen, Natron, Salz, Kurkuma, Kreuzkümmel und 1 Prise Cayennepfeffer in einer Schüssel mischen. Mit 300 ml Wasser zu einem glatten Teig rühren. Den Lauch in dünne Streifen schneiden. In einer Pfanne etwas Öl erhitzen und die Lauchstreifen darin kurz andünsten. Den Dill hacken und mit dem Lauch unter den Teig rühren.

Den Boden einer Pfanne mit wenig Kokosöl bestreichen und mit Backpapier belegen. Den Teig darauf portionsweise zu dünnen Pfannkuchen backen.

Währenddessen die Füllung zubereiten. Dazu den Lauch in Ringe schneiden, Zwiebeln und Knoblauch schälen. Zwiebeln in dünne Spalten und Knoblauch in dünne Scheiben schneiden. Das Kokosöl in einer Pfanne erhitzen und Lauch, Zwiebeln und Knoblauch darin bei mittlerer Hitze anschwitzen. Den Spinat waschen, trocken schleudern und ebenfalls in die Pfanne geben. Sobald der Spinat zusammengefallen ist, alles mit dem Salz würzen.

Die Erbsen palen und roh unter das Gemüse heben. Die Kichererbsen-Pfannkuchen auf Teller geben, das Gemüse auf die eine Hälfte geben und die andere Hälfte darüberklappen. Mit Rettichkresse garnieren.

TIPP | Zu den Kichererbsen-Pfannkuchen passen ganz toll die Dukkah-Gewürzmischung (siehe S. 40) und ein leckeres Grünes Hummus (siehe S. 89).

HERZHAFTE WAFFELN MIT SESAM-EDAMAME UND AVOCADO

Für 4 Personen

FÜR DIE WAFFELN

50 g Haferflocken

240 g Dinkelvollkornmehl

2 TL Backpulver

2 TL Kurkumapulver

1 TL Cayennepfeffer

2 TL gemahlener Kreuzkümmel

2 TL Salz

300 ml Mandeldrink (siehe S. 13)

2 TL Zitronensaft

120 g Sojajoghurt

60 ml flüssiges Kokosöl, plus etwas mehr für das Waffeleisen

30 ml Ahornsirup

60 g Baby-Spinat

Diese Waffeln mache ich oft, denn sie sind so wunderbar würzig und pikant. Sie schmecken einfach toll mit den Edamame-Bohnen und der Avocado. Wenn ich eine Alternative möchte, esse ich die Waffeln mit einem Spinat-Rührei und einem leckeren Hummus.

Für den Waffelteig Haferflocken, Mehl, Backpulver und die Gewürze in einer Schüssel miteinander vermischen. In einer zweiten Schüssel Mandeldrink, Zitronensaft, Sojajoghurt, flüssiges Kokosöl und Ahornsirup mischen. Dann die flüssigen Zutaten zu den festen geben und alles zu einem glatten Teig verrühren. Quellen lassen, während der Spinat vorbereitet wird.

Den Spinat waschen, trocken schleudern und fein hacken und unter den Teig rühren.

Ein Waffeleisen erhitzen, mit etwas Kokosöl einpinseln und den Teig portionsweise zu knusprigen Waffeln backen. Fertige Waffeln im Backofen warm halten.

Weiter geht's auf der nächsten Seite.

FÜR DIE DUKKAH-GEWÜRZMISCHUNG

200 g gemischte Kerne (z. B. Haselnusskerne, Mandeln, Pistazien)

40 g gemahlener Koriander

40 g gemahlener Kreuzkümmel

1 TL gemahlener Ceylon-Zimt

2 TL Meersalz

abgeriebene Schale von 1 Bio-Zitrone

1 TL schwarzer Pfeffer

60 g weißer Sesam

60 g schwarzer Sesam

FÜR DEN BELAG

2 EL Olivenöl

200 g Edamame (TK)

2 EL weißer Sesam

1 TL Meersalz

40 g Haselnusskerne

1 TL Kokosblütenzucker

4 Avocados

Saft und Zesten von 2 Bio-Zitronen

8 EL Sojajoghurt

ZUM GARNIEREN

2 Frühlingszwiebeln

schwarzer Sesam

Kresse

vegan | laktosefrei

Währenddessen für die Dukkah-Gewürzmischung alle Zutaten bis auf den Sesam in einen Mixer geben und kurz mixen, bis die Kerne mittelfein sind. Den Sesam hinzufügen und vermischen.

Für den Belag das Olivenöl in einer Pfanne erhitzen und die Edamame darin andünsten. Sesam und Meersalz hinzugeben, dann die Edamame vom Herd nehmen. Die Haselnüsse grob hacken und in einer Pfanne ohne Fett kurz anrösten. Den Zucker hinzufügen, umrühren und karamellisieren lassen.

Für die Garnitur die Frühlingszwiebeln waschen, putzen und in feine Ringe schneiden.

Für den Belag die Avocados halbieren, die Kerne entfernen, das Fruchtfleisch quer in Scheiben schneiden, mit einem Löffel auslösen und mit dem Zitronensaft beträufeln.

Die Waffeln auf Teller geben. Jeweils einen Klecks Sojajoghurt danebensetzen. Edamame und Avocadoscheiben auf die Waffeln geben, mit Zitronenzesten, karamellisierten Haselnüssen, schwarzem Sesam, Frühlingszwiebeln, Kresse und Dukkah-Gewürzmischung bestreuen.

TIPP

Die Dukkah-Gewürzmischung könnt ihr über Salate oder Gemüse streuen. Als Kruste für Fisch und Fleisch ist sie aber auch wunderbar. Ich verwende Dukkah in vielen meiner Rezepte. Sie hält sich in einem Schraubglas viele Wochen frisch.

SMOOTHIES, JUICES & GETRÄNKE

Genügend zu trinken ist mir sehr wichtig. Neben viel stillem Wasser spielen dabei auch andere Getränke eine Rolle. Meine Golden Milk zum Beispiel stärkt mich für den Tag, je nach Jahreszeit trinke ich sie heiß oder kalt. Je weniger ich frühstücke, umso wichtiger ist mir ein gesunder Smoothie, der die erste Mahlzeit ersetzt. Frisch gepresste Säfte liefern mir nicht nur den ganzen Tag lang Energie, sondern ersetzen auch Kaffee oder Tee, sie machen mich wach und energiegeladen – ich spüre richtig, wie mein Körper die Nährstoffe aufnimmt. Mittlerweile liebe ich es auch, den Tag mit einem Abend-Drink sanft ausklingen zu lassen: Eine Kombination aus Gewürzen in einem warmen Glas Nussmilch ist nach einem anstrengenden Tag Balsam für die Seele.

CORT. CIÑA
ZIMT

Ingwer | Kurkuma | Mandel | Honig | Zimt | Kardamom | Cayennepfeffer

GEEISTE GOLDEN MILK

Für 4 Personen

40 g frischer Ingwer

2 TL Kokosöl

3 TL Kurkumapulver

2 Kardamomkapseln

½ TL frisch gemahlener schwarzer Pfeffer

2 TL gemahlener Ceylon-Zimt

¼ TL Cayennepfeffer

8 TL Honig

1 l Mandeldrink (siehe S. 13)

AUSSERDEM

Eiswürfel

glutenfrei | laktosefrei

Eine Golden Milk trinke ich eigentlich täglich. Vor allem in den kalten Monaten des Jahres wärmt sie Körper und Seele. Weil ich mich auch im Sommer mit der Golden Milk verwöhnen möchte, habe ich eine Variante auf Eis geschaffen. Mit Golden Milk tue ich meiner Seele und meinem Körper Gutes: Sie enthält viel Kurkumapulver. Das Curcumin darin soll antioxidativ, entzündungshemmend und schmerzlindernd wirken. Und der Geschmack meiner Golden Milk ist ohnehin wie Balsam für meine Seele.

Den Ingwer schälen und mittelfein hacken. Das Kokosöl in einem Topf bei mittlerer Hitze zerlassen. Kurkuma und 2 TL Wasser hinzufügen und alles zu einer Paste rühren. Ingwer hinzugeben. Die Kardamomkapseln öffnen und zur Paste geben. Pfeffer, Zimt, Cayennepfeffer und Honig hinzufügen und alles sorgfältig verrühren. Den Mandeldrink zugießen, die Hitze erhöhen und die Golden Milk unter Rühren einige Minuten sanft köcheln lassen.

Die Golden Milk vom Herd nehmen, abkühlen lassen und durch ein Sieb gießen. Auf Eis servieren.

Baby-Spinat | Birne | Mango | Mandel | Dattel

FRUCHTIGER GRÜNER SMOOTHIE

Für 4 Personen

30 g Mandeln

30 g getrocknete, entkernte Datteln

200 g Mango

100 g Birne

150 g Baby-Spinat

2 TL Ahornsirup

AUSSERDEM

Eiswürfel

vegan | glutenfrei | laktosefrei

Diesen grünen Smoothie mache ich mir, wenn ich Lust auf etwas Fruchtig-Süßes habe und gleichzeitig auch ein paar „Greens" brauche. Er eignet sich gut als Einstieg für Green Smoothies: Man tauscht schrittweise Obst gegen (grünes) Gemüse aus, bis sich der Gaumen an den herberen Geschmack des grünen Smoothie gewöhnt hat. Ich liebe die grünen Smoothies sehr, aber öfter trinke ich Green Juices, also frisch gepresste Säfte aus Gemüse. Bei meinen Smoothies mag ich es eine Spur süßer. Dieser Smoothie ist supercremig durch das Mandel-Dattel-Mus, und er ist ein vollwertiges Frühstück.

Die Mandeln in einer Pfanne ohne Fett rösten und mit den Datteln in einem Hochleistungsmixer zunächst zu einem Mandel-Dattel-Mus mixen. Die Mango schälen und vom Stein schneiden, die Birne waschen, entkernen und in Würfel schneiden. Den Baby-Spinat waschen. Obst und Spinat zum Mandel-Dattel-Mus geben und mit dem Ahornsirup, 260 ml Wasser und einer Handvoll Eiswürfel zu einem leckeren Smoothie mixen.

TIPP

Dieser Smoothie enthält viel Obst. Alternativ könnt ihr die Birne durch mehr Baby-Spinat ersetzen. Für einen herberen grünen Smoothie mixt ihr 100 g Mango, 200 g Baby-Spinat und 100 g Grünkohl mit dem Mandel-Dattel-Mus und der gleichen Menge an Ahornsirup, Wasser und Eiswürfeln.

MATCHA LATTE MIT SELBST GEMACHTEM PISTAZIENDRINK

Für 500 ml Pistaziendrink

120 g Pistazien, ungeschält

2 getrocknete, entkernte Datteln (nach Belieben, siehe Tipp)

Für 4 Matcha Latte

4 TL Matchapulver

vegan | glutenfrei | laktosefrei

Ich bin kein Kaffeetrinker, und seit einiger Zeit trinke ich nur noch sehr selten schwarzen Tee. Stattdessen trinke ich gern einen Matcha oder Matcha Latte, wenn ich nachmittags mal ein Tief habe. Matcha hat viele gesundheitsfördernde Eigenschaften und macht zudem auf angenehme Weise wach: Man ist konzentriert und wird gleichzeitig ruhiger. Für meinen Matcha Latte nehme ich am liebsten Nussmilch. Diese hier ist aus Pistazien, und der feinherbe Geschmack von Matcha harmoniert super mit dem nussigen Drink.

Am Vortag die Schalen der Pistazien entfernen und die Pistazienkerne in eine Schüssel geben. Es sollten etwa 100 g sein. Mit 500 ml Wasser bedecken und über Nacht abgedeckt einweichen lassen.

Am nächsten Tag das Wasser abgießen und die Pistazien in einem Sieb abspülen. Pistazien mit 500 ml frischem Wasser im Hochleistungsmixer sehr fein pürieren, bis eine dickflüssige Masse entstanden ist. Ein Sieb mit einem Passiertuch auslegen und über eine Schüssel hängen. Die Pistazienmasse hineingießen. Das Tuch fest eindrehen und so die Flüssigkeit aus der Masse herausdrücken. Den Pistaziendrink in eine Glasflasche füllen und verschließen. Der Drink hält sich im Kühlschrank etwa 3–4 Tage.

Für Matcha Latte das Matchapulver in ein hohes Gefäß geben. Den Pistaziendrink in einem kleinen Topf bei schwacher Hitze auf etwa 80 °C erhitzen. Das Matchapulver mit einem kleinen Schuss von dem warmen Pistaziendrink übergießen. Mit einem Quirl aus Metall oder Bambus so lange rühren, bis keine Klümpchen mehr zu sehen sind. Anschließend mit dem restlichen warmen Pistaziendrink aufgießen.

Den Matcha Latte auf vier Gläser verteilen. Wer mag, kann auch einen Teil des Pistaziendrinks mit einem Milchschäumer aufschäumen und anschließend auf den Matcha Latte geben.

TIPP

Den Matcha Latte könnt ihr pur trinken oder mit Kokosblütenzucker oder Ahornsirup süßen. Wenn ihr den Pistaziendrink selbst süßen möchtet, püriert ihr 2 Datteln mit den Pistazien. Anschließend, wie oben beschrieben, weiter verfahren.

ROTE BETE JUICE

Für 4 Personen

200 g frische Rote Bete

600 g Möhren

4 Orangen

2 Limetten

2 rote Äpfel

30 g frischer Ingwer

1 Schuss gutes Öl
(z. B. Olivenöl oder Leinöl)

AUSSERDEM

Entsafter

vegan | glutenfrei | laktosefrei

Um gesund und voller Energie in den Tag zu starten, trinke ich morgens gern einen frisch gepressten Saft. Ich schnipple das Gemüse und Obst morgens gleich als Erstes, mache den Saft und trinke ihn, während ich das restliche Frühstück zubereite. Ich merke dann richtig, wie die Nährstoffe sofort in meinen Blutkreislauf gelangen und mich mit Energie versorgen. Weil ein Juice so konzentriert ist, nimmt man mit einer kleinen Menge Saft so viel Nährstoffe auf wie mit großen Mengen Gemüse und Obst.

Die Rote Bete schälen (am besten mit Handschuhen, denn sie färbt sehr stark) und in grobe Stücke schneiden. Die Möhren waschen und ebenfalls in Stücke schneiden. Orangen und Limetten schälen und in grobe Stücke schneiden, die Äpfel würfeln, den Ingwer schälen und in Scheiben schneiden. Alles mit einem Entsafter entsaften. Den Saft mit einem Schuss Öl mischen und sofort genießen.

Der Saft sollte sofort getrunken werden, damit noch alle Nähstoffe enthalten sind. Je länger er steht, desto mehr Nährstoffe verliert er. Daher am besten immer frisch zubereiten.

TIPP

Den Trester des Gemüses verarbeite ich oft mit Kichererbsen zu Falafeln. Hierfür lasse ich zuerst das Gemüse durch den Entsafter laufen, dann entferne ich den Trester für die Falafeln. Danach erst entsafte ich das Obst.

HOLUNDERSAFT

Für ca. 400 ml Saft

250 g frische Holunderbeeren (entstielt)

50 g frischer Ingwer

1 TL gemahlener Ceylon-Zimt

2 Nelken

vegan | glutenfrei | laktosefrei

Jedes Jahr liebe ich es, mit dem Fahrrad am Feld entlangzufahren und die schönsten blühenden Holunderbüsche zu suchen. Aus den Blüten mache ich dann Holunderblütenzucker, einen Sirup oder Holunderbutter. Aber ich lasse immer zwei Drittel der Dolden hängen, um dann im Spätsommer die reifen Beeren zu ernten. Aus denen mache ich dann einen Holundersirup, der nicht nur wunderbar schmeckt, sondern auch bei ersten Erkältungsanzeichen wahre Wunder wirkt und das Immunsystem bei seiner Arbeit unterstützt.

Die Holunderbeeren waschen. Den Ingwer schälen und grob hacken. Die Holunderbeeren mit 450 ml Wasser, Ingwer, Zimt und Nelken in einen Topf geben und abgedeckt für etwa 20 Minuten sanft köcheln lassen. Dann weitere 20 Minuten ohne Deckel köcheln lassen. Durch ein Sieb passieren, dabei den Saft auffangen und die Beeren noch etwas ausdrücken.

Den Sirup in einem Glasgefäß im Kühlschrank aufbewahren.

TIPP

Wenn man das Glasgefäß gut verschließt, ist der Saft im Kühlschrank 3–4 Tage haltbar. Je frischer ihr ihn trinkt, desto gesünder ist er. Wenn ihr aber eine Riesenmenge Holunderbeeren gepflückt habt, könnt ihr den Saft auch haltbar machen: Stellt die mit Saft gefüllten und gut verschlossenen Glasflaschen in einen Topf mit Wasser. Die Flaschen dürfen sich nicht berühren. Nun bringt ihr das Wasser zum Kochen und lasst es etwa 30 Minuten köcheln. So hält sich der Saft einige Monate.

Mandel | Dattel | Kardamom | Zimt | Safran | Kokos

ABEND-DRINK

Für 1 Becher

1 gehäufter EL grob gehackte Mandeln

30 g getrocknete, entkernte Datteln

1 EL Kokosraspeln

1 TL Kokosöl

300 ml Mandeldrink (siehe S. 13)

1 Msp. Safranfäden

1 Kardamomkapsel

½ TL gemahlener Ceylon-Zimt

ZUM GARNIEREN

gemahlener Ceylon-Zimt

vegan | glutenfrei | laktosefrei

In diesen Abend-Drink habe ich mich regelrecht verliebt. Schon beim Zubereiten baut sich der Stresslevel ein wenig ab: Die Düfte von Mandeln, Safran, Kardamom und Datteln entführen meine Sinne in eine zauberhafte Traumwelt. Jeder Schluck lässt den hektischen Arbeitsalltag immer mehr verblassen … Ein absoluter Wohlfühl-Drink, mit dem mein Abend häufig ausklingt.

Die Mandeln in einer Pfanne ohne Fett anrösten. Mit Datteln, Kokosraspeln und Kokosöl in einen Mixer geben und mahlen. Das Dattel-Mandel-Mus mit dem selbst gemachten Mandeldrink, Safranfäden, einer geöffneten Kardamomkapsel und Ceylon-Zimt in einen kleinen Topf geben. Einmal aufkochen und dann mehrere Minuten ziehen lassen. Die Flüssigkeit durch ein Sieb passieren und die festen Bestandteile entsorgen.

Den Abend-Drink in eine Tasse geben, nach Belieben mit etwas Zimt bestäuben und vor dem Schlafengehen genießen – oder in den letzten ruhigen Momenten vor dem Start in einen hektischen Tag.

Acai | Beeren | Spinat | Blütenpollen | Kokos | Granatapfel

ACAI SMOOTHIE

Für 4 Personen

2 Bio-Limetten

60 g Spinat

8 kleine getrocknete und entkernte Datteln

2 TL Nussmus (z. B. Mandelmus)

2 TL Acai-Pulver

360 g gemischte Beeren (TK)

300 ml Mandeldrink (siehe S. 13)

ZUM GARNIEREN

Brombeeren

Heidelbeeren

Blütenpollen

Kokosraspeln

Granatapfelkerne

vegan | glutenfrei | laktosefrei

Ein Acai Smoothie ist schon seit einiger Zeit das Lieblingsfrühstück von vielen, die einen „healthy lifestyle" pflegen. Zu Recht, denn die brasilianische Beere ist eine Art Anti-Aging-Wunderwaffe und ein toller Energielieferant, außerdem stärkt sie das Immunsystem. In meinen Acai Smoothie gebe ich immer eine Handvoll Gemüse oder Blattsalat. Man schmeckt es nicht raus und hat so schon mit dem ersten Getränk ein paar „Greens" zu sich genommen. Dieser Smoothie ist ein toller und vor allem beerig leckerer Start in den Tag.

Für den Smoothie die Limetten waschen und samt Schale in grobe Stücke schneiden. Den Spinat waschen und etwas trocken schleudern. Spinat, Limettenstücke, Datteln, Nussmus, Acai-Pulver und die tiefgekühlten Beeren in einen Hochleistungsmixer geben. Den Mandeldrink hinzugießen und alles zu einem samtigen Smoothie mixen.

Den Smoothie in große Gläser gießen und mit Beeren, Blütenpollen, Kokosraspeln und Granatapfelkernen garnieren.

Schokolade | Zimt | Allspice | Kurkuma | Honig | Tonkabohne

WOHLFÜHL-SCHOKOBECHER

Für 4 Personen

100 g Schokolade (100 % Kakao)

8 EL Kokosblütenzucker

10 EL Honig (wahlweise Ahornsirup)

1 TL gemahlener Ceylon-Zimt

1 TL Allspice

1 TL Kurkumapulver

Tonkabohne

1 l Mandeldrink (siehe S. 13)

ZUM GARNIEREN

gemahlener Ceylon-Zimt

Kakaopulver

getrocknete Blüten

glutenfrei | laktosefrei

Ein Becher voller Schokoglück – mit ganz vielen Gewürzen, die glücklich machen. Den Bauch und die Seele.

Die Schokolade in Stücke brechen, in einen Topf geben und Kokosblütenzucker, Honig, Zimt, Allspice, Kurkuma und 1 Prise geriebene Tonkabohne dazugeben. 200 ml Mandeldrink zugießen und alles bei schwacher Hitze unter Rühren erwärmen, bis die Schokolade geschmolzen und eine dickflüssige Paste entstanden ist. Weitere 800 ml Mandeldrink hinzufügen und erwärmen.

Die Wohlfühl-Schokolade in Tassen gießen und mit Zimt, Kakaopulver und getrockneten Blüten bestreuen.

TIPP

Statt mit Mandeldrink könnt ihr den Wohlfühl-Schokobecher auch mal mit einem selbst gemachten Walnussdrink ausprobieren. Ersetzt die Mandeln im Mandeldrink-Rezept einfach 1 : 1 durch Walnusskerne.

Möhre | Ingwer | Zitrone | Mango

IMMUNE BOOSTING MÖHREN-INGWER-ZITRONEN-SHOTS

Für ca. 250 ml Saft

300 g Möhren

2 große Bio-Zitronen

40 g frischer Ingwer

40 g Mango

1 Schuss Olivenöl

AUSSERDEM

Entsafter

eine Glasflasche (250 ml)

vegan | glutenfrei | laktosefrei

Sobald eine Erkältung anrollt, mache ich mir einen Ingwer-Zitronen-Shot. Dieses hochkonzentrierte Powergetränk macht mein Immunsystem stark gegen jede Form von Erkältung. Im Herbst trinke ich es oft schon zur Vorbeugung. Diese Variante bringt noch die Power von Möhren und Mango mit. Ein köstliches, scharfes Getränk, von dem man nur eine kleine Menge täglich braucht.

Die Möhren und Zitronen waschen und ungeschält in grobe Stücke schneiden. Ingwer schälen und ebenfalls in grobe Stücke schneiden. Die Mango schälen, das Fruchtfleisch vom Kern lösen und in grobe Würfel schneiden. Möhren, Zitronen, Ingwer und Mango in einen Entsafter geben und den Saft auffangen. Einen Schuss Olivenöl in den Immune Boosting Shot geben, umrühren und in eine kleine Flasche füllen.

TIPP

Wie andere frisch gepresste Säfte verliert auch dieser Shot umso mehr von seinen gesunden Inhaltsstoffen, je länger er steht. Am besten trinkt ihr die angegebene Menge innerhalb von zwei Tagen. Übrigens kann man auch mit anderen Früchten und Gemüsesorten experimentieren: Zitrone, Ingwer und Grünkohl sind auch supergesund und ebenso lecker. Zitrone, Ingwer und Rote Bete liebe ich auch – schon allein wegen der tollen Farbe!

Gurke | Ingwer | Sellerie | Spinat | Minze | Weintraube | Weizengras

SELLERIE JUICE

Für 4 Personen

½ Bio-Salatgurke

10 Stangen Staudensellerie

30 g frischer Ingwer

4 große Handvoll Spinat

½ Bund Minze

100 g Weintrauben

1 TL Weizengraspulver

AUSSERDEM

Entsafter

vegan | glutenfrei | laktosefrei

Zugegeben – dieser Juice ist speziell und nur etwas für Liebhaber. Doch seit einiger Zeit ist der Sellerie Juice in aller Munde, und auch ich habe mich daran gewagt. Selleriesaft liefert eine hohe Konzentration an Vitaminen, Eisen und Kalium. Außerdem enthält er antioxidative und entzündungshemmende Stoffe, die dem Körper unglaublich guttun – ein weiterer Grund, sich an den eigenwilligen Geschmack zu gewöhnen. Für diesen Saft kombiniere ich den Sellerie mit Gurke, Ingwer, Spinat, Minze und Weintrauben.

Gurke und Sellerie waschen und in Stücke schneiden. Den Ingwer schälen und in kleine Stücke schneiden. Spinat, Minze und Weintrauben waschen. Alles in den Entsafter geben und entsaften. Anschließend das Weizengraspulver unterrühren.

Zum Servieren in hohe Gläser gießen. Wer mag, gibt noch ein paar Eiswürfel hinzu und genießt den Sellerie Juice eisgekühlt.

BROTE, SNACKS, DIPS & CREMES

Brote und Sandwiches sind prima für den kleinen Hunger zwischendurch. Ich liebe es, mein Brot selbst zu machen. So weiß ich genau, was drin ist, und das sind bei mir neben den üblichen Zutaten meist noch Gewürze, Kräuter oder auch Nüsse. Komplizierte Rezepte mit langen Geh-Zeiten mag ich allerdings nicht, ich möchte das duftende Brot immer schnell aus dem warmen Ofen holen können.

Als Aufstrich eignen sich Dips und Cremes mit Edamame, Cashewkernen oder Avocado und Ei, dazu jede Menge frischer Kräuter, Nüsse und Gemüse, obendrauf ein paar Sprossen und als scharf-saurer Kick ein paar Quick-Pickled-Zwiebeln ... und schon habe ich eine vollwertige, nährstoffreiche Mahlzeit. Wenn Freunde zu Besuch kommen, verwandle ich die Aufstriche in köstliche kleine Appetizer, die super zu einem Glas Wein passen: Ich serviere sie als Dips, dazu gibt es eine kleine Auswahl an Rohkost, leckeres Brot und knusprige Gemüsechips – so habe ich mit wenigen Handgriffen immer eine gesunde, leckere Alternative zu den herkömmlichen Snacks.

ROGGENBROT MIT RICOTTA-AUFSTRICH, ZIMT-PFIRSICHEN UND BROMBEEREN

Für 4 Personen

4 Pfirsiche
4 TL Kokosöl
½ TL gemahlener Ceylon-Zimt
4 TL Zuckerrübensirup
1 TL Kubebenpfeffer
120 g Brombeeren
8 Scheiben Roggenvollkornbrot
10 Zweige Thymian
8 EL Ricotta
4 EL geriebener Parmesan

Diese Kombination aus Roggenbrot, Pfirsichen, Thymian, Ricotta und Brombeeren ist einfach eine Wucht. Fruchtig, herzhaft, pfeffrig – eine außergewöhnliche Kombination. Wenn man die Brote in kleinere Häppchen schneidet, sind sie auch eine feine Begleitung zu einem Aperitif.

Die Pfirsiche waschen, entsteinen und in 1 cm dünne Scheiben schneiden. In einer Pfanne 2 TL Kokosöl erhitzen und die Pfirsiche darin kurz andünsten. Zimt, Zuckerrübensirup und ½ TL Kubebenpfeffer dazugeben und kurz ziehen lassen. Die Pfirsiche aus der Pfanne nehmen und die Brombeeren hineingeben, ebenfalls kurz ziehen lassen, dann einen Schuss Wasser hinzufügen und sanft köcheln lassen. Die Brombeeren leicht zerquetschen.

In einer zweiten Pfanne 2 TL Kokosöl erhitzen und die Brotscheiben darin bei mittlerer Hitze anrösten.

Die Blättchen von den Thymianzweigen zupfen, einige Blättchen zum Garnieren beiseitelegen. Den Ricotta mit Thymian, dem restlichen Kubebenpfeffer (½ TL) und Parmesan verrühren.

Die Brote mit dem Ricotta bestreichen und mit Pfirsichen und Brombeeren belegen. Mit Thymianblättchen bestreuen und servieren.

Roggen | weiße Bohne | Kubebenpfeffer | Champignon | Spinat | Knoblauch | Kapern

ROGGENSANDWICH MIT GESTAMPFTEN BOHNEN, SPINAT, PILZEN UND KAPERN

Für 4 Personen

250 g weiße Bohnen (Dose)
2 EL Olivenöl
½ TL Meersalz
½ TL Kubebenpfeffer
2 große rote Zwiebeln
2 Knoblauchzehen
50 g Spinat
2 TL Sonnenblumenöl
200 g braune Champignons
2 EL Sojasauce
8 Scheiben Roggenvollkornbrot
4 EL Kapern

vegan | laktosefrei

Ein Sandwich, das schnell zubereitet und echtes Soulfood ist. Das Roggenbrot bekommt durch das Rösten eine leicht süße, nussige Note und ist eine tolle Basis für ganz unterschiediche Beläge. In diesem Rezept habe ich es mit einem Stampf aus weißen Bohnen, Zwiebeln, Knoblauch, Spinat, Pilzen und Kapern belegt – macht satt und glücklich!

Die Bohnen mit dem Olivenöl zerdrücken und mit je ¼ TL Meersalz und Kubebenpfeffer würzen. Ist der Stampf zu dick, kann man ihn mit einem kleinen Schuss Wasser etwas verdünnen.

Zwiebeln und Knoblauch schälen und in dünne Scheiben schneiden. Den Spinat waschen und trocken schleudern. In einer Pfanne ½ TL Sonnenblumenöl erhitzen und die Zwiebeln darin kurz anschwitzen. Beiseitestellen. Wieder ½ TL Sonnenblumenöl erhitzen und den Knoblauch darin kurz anschwitzen, dann den Spinat hinzugeben und zusammenfallen lassen. Mit je 1 Prise Meersalz und Kubebenpfeffer würzen und beiseitestellen. Die Champignons putzen und in 2 cm dicke Scheiben schneiden, mit ½ TL Sonnenblumenöl in der Pfanne anbraten. Mit Sojasauce ablöschen und etwas reduzieren.

Das restliche Sonnenblumenöl (½ TL) in einer zweiten Pfanne erhitzen und das Brot darin bei mittlerer Hitze von beiden Seiten anrösten.

Die Brote mit dem Bohnenstampf bestreichen und mit Zwiebeln, Knoblauch-Spinat und Pilzen belegen, mit Kapern garnieren und mit einer weiteren Brotscheibe abdecken.

Roggen | Edamame | Avocado | Quick-Pickled-Zwiebel | Gurke | Koriander

SANDWICH MIT EDAMAME, AVOCADO UND VIEL KORIANDER

Für 4 Personen

2 EL gepalte Edamame (TK)

Meersalz

8 EL Edamame-Dip (siehe S. 101)

2 Avocados

Saft von 1 Zitrone

1 EL Kokosöl

8 Scheiben Roggenvollkornbrot

1 Bund Koriandergrün

100 g Bio-Salatgurke

8 EL Quick-Pickled-Zwiebeln (siehe S. 102)

2 EL schwarzer Sesam

vegan | laktosefrei

Ich bin normalerweise kein Freund einer klassischen Brotzeit, und vor allem abends esse ich lieber warm. Doch mit diesem Sandwich kann man mich jeden Abend glücklich machen: Das knusprige Brot mit dem cremigen Edamame-Dip ist allein schon köstlich. Mit der Avocado werde ich dann richtig zum Fan. Und die Quick-Pickled-Zwiebeln, Gurke, Koriander und schwarzer Sesam machen die Brotzeit dann zu einem Abendbrot de luxe.

Die Edamame mit einer Gabel leicht zerdrücken, mit Salz würzen und unter den Edamame-Dip rühren. Die Avocados halbieren, die Kerne entfernen, das Fruchtfleisch quer in Spalten schneiden und mit einem Löffel vorsichtig auslösen. Die Avocadoscheiben mit dem Zitronensaft beträufeln, damit sie nicht braun werden. Ebenfalls leicht salzen.

Das Kokosöl in einer Pfanne erhitzen und das Brot darin bei mittlerer Hitze von beiden Seiten anrösten. Mit etwas Salz würzen. Den Koriander waschen, trocken schütteln und grob hacken. Die Gurke in Scheiben schneiden.

4 Brotscheiben auf Teller legen und mit dem Edamame-Dip bestreichen. Mit Avocado, Koriander, Gurke und Quick-Pickled-Zwiebeln belegen, mit Sesam bestreuen und mit jeweils einer weiteren Brotscheibe abdecken.

KERNIGES BROT MIT SZECHUANPFEFFER UND CASHEW CHEESE

Für einen Laib Brot

FÜR DEN CASHEW CHEESE

100 g geröstete, gesalzene Cashewkerne

je ½ TL Salz und Kreuzkümmel

FÜR DAS BROT

125 g Sonnenblumenkerne

60 g Kürbiskerne, 25 g Pinienkerne

80 g geschroteter Leinsamen

2 EL Chia-Samen

4 EL Flohsamenschalen

145 g Haferflocken

je 1 TL Cayennepfeffer und Szechuanpfeffer, gemörsert

abgeriebene Schale von 1 kleinen Bio-Zitrone

1 TL Salz

1 EL Ahornsirup, 3 EL Kokosöl

ZUM GARNIEREN

Radieschen, frische Erbsen, Rucola und Rettichkresse

Olivenöl

vegan | laktosefrei

Ich liebe dieses Brot sehr. Es ist so knackig und würzig, dass man es eigentlich auch ohne Aufstrich essen kann. Es ist kernig, aromatisch und hat durch die zwei Sorten Pfeffer einen Hauch Schärfe. Auch der Cashew-Aufstrich ist eine Wucht, und so bilden die beiden hier ein Dream-Team, begleitet von scharfen Radieschen und knackfrischen Erbsen – ein leckeres und sättigendes Brot.

Für den Cashew Cheese die Cashewkerne in eine Schüssel geben, vollständig mit Wasser bedecken und 2 Stunden einweichen lassen.

Für das Brot die trockenen Zutaten, also Kerne, Samen, Haferflocken, Zitronenabrieb und die Gewürze, in einer Schüssel vermengen. In einer zweiten Schüssel Ahornsirup, flüssiges Kokosöl und 345 ml Wasser vermischen, dann unter die trockenen Zutaten rühren. Die Masse in eine Kastenform geben, ein wenig festdrücken und 3 Stunden bei Zimmertemperatur quellen lassen.

Gegen Ende der Quellzeit den Ofen auf 180 °C Ober-/Unterhitze vorheizen. Das Brot auf der mittleren Schiene 30 Minuten backen, dann aus der Form nehmen, umdrehen und auf einem Gitter weitere 20 Minuten backen. Das Brot aus dem Ofen nehmen und vollständig auskühlen lassen, bevor man es schneidet.

Für den Cashew Cheese das Wasser von den Cashewkernen abgießen. Die Cashews mit 2 EL frischem Wasser in ein hohes Gefäß geben und mit einem Stabmixer pürieren, Salz und Kreuzkümmel hinzugeben und noch einmal gut durchmixen.

Die Radieschen waschen, putzen und in feine Scheiben schneiden.
Die Erbsen palen, den Rucola waschen und trocken schleudern.

Das Brot in Scheiben schneiden, mit Cashew Cheese bestreichen und mit Radieschen, Rucola, Kresse und rohen Erbsen garnieren. Mit etwas Olivenöl beträufeln und genießen.

SPINATBROT MIT CASHEW CHEESE UND AVOCADO-KICHERERBSEN-MASH

Für 1 Laib Brot

FÜR DEN CASHEW CHEESE

100 g geröstete, gesalzene Cashewkerne

½ Bund Schnittlauch

Salz

FÜR DAS SPINATBROT

70 g Walnusskerne

120 g Haselnusskerne

130 g Dinkelvollkornmehl

70 g Dinkelmehl (Type 630)

2 TL Backpulver

65 g geschroteter Leinsamen

70 g Sonnenblumenkerne

65 g Chia-Samen

2 EL schwarzer Sesam

80 g Baby-Spinat

5 EL Apfelmark

4 EL Ahornsirup

300 g griechischer Joghurt

80 ml Olivenöl

1 TL Meersalz

2 EL Pinienkerne

1 EL schwarzer Sesam

Dieses Brot ist saftig, durch die vielen Nüsse richtig kernig, und es steckt voller gesunder Zutaten. Wenn man damit frühstückt, startet man mit viel Power in den Tag. Ich mag zu so einem kernigen Brot gern einen cremigen Aufstrich, zum Beispiel Avocado-Kichererbsen-Mash und Cashew Cheese, und noch ein bisschen Frische durch Gurke, Kresse und Schnittlauch. Eine tolle Kombination von Geschmäckern und Texturen.

Für den Cashew Cheese die Cashewkerne in eine Schale geben, mit Wasser bedecken und 2 Stunden einweichen lassen.

Die Backform mit Backpapier auslegen.

Für das Brot Walnüsse und Haselnüsse grob hacken. 50 g Haselnüsse beiseitestellen. Die restlichen Haselnüsse (70 g) und die Walnüsse in einer Pfanne ohne Fett rösten. Die Mehlsorten mit Backpulver, Leinsamen, Sonnenblumenkernen, den gerösteten Nüssen, Chia-Samen und Sesam mischen.

Den Baby-Spinat waschen und mit 45 ml Wasser sehr fein pürieren. Das Spinatpüree in einer großen Schüssel mit Apfelmark, Ahornsirup, Joghurt, Olivenöl und Meersalz verrühren. Die Mehlmischung hinzugeben und alles gut miteinander verrühren. Den Teig in die vorbereitete Backform geben und darin 15 Minuten quellen lassen.

Weiter geht's auf der nächsten Seite.

FÜR DEN AVOCADO-KICHERERBSEN-MASH

2 Eier (Größe M)

1 Avocado

40 g Baby-Spinat

200 g Kichererbsen (Glas)

Saft von 1 Zitrone

½ TL Meersalz

ZUM GARNIEREN

½ Bio-Salatgurke

1 Handvoll Salat

Kresse

AUSSERDEM

Kastenform (10 x 25 cm)

In der Zwischenzeit den Ofen auf 180 °C Ober-/Unterhitze vorheizen. Das Brot mit Pinienkernen, Sesam und den restlichen gehackten Haselnüssen (50 g) bestreuen und im heißen Ofen auf der mittleren Schiene 20 Minuten backen. Anschließend die Temperatur auf 160 °C reduzieren, das Brot mit Alufolie abdecken und weitere 40 Minuten backen. Kurz vor Ende der Backzeit die Stäbchenprobe machen. Das Brot aus dem Ofen nehmen und vollständig auskühlen lassen.

In der Zwischenzeit für den Cashew Cheese das Wasser von den Cashewkernen abgießen. Die Cashews mit 20 ml Wasser in ein hohes Gefäß geben und mit dem Stabmixer pürieren. Den Schnittlauch waschen, trocken schütteln und fein hacken. Unter den Cashew Cheese rühren und mit 1 Prise Salz würzen.

Für den Avocado-Kichererbsen-Mash die Eier hart kochen. Die Avocado halbieren, den Kern entfernen und das Fruchtfleisch mit einem Löffel auslösen. Den Spinat waschen und trocken schütteln. Avocado mit Spinat, Kichererbsen, Zitronensaft und Meersalz mit dem Stabmixer ganz grob pürieren. Die Eier auskühlen lassen, schälen und fein hacken. Unter den Avocado-Mash rühren.

Für die Garnitur die Gurke waschen und in dünne Scheiben schneiden, den Salat waschen und trocken schleudern.

Das Brot in Scheiben schneiden und diese mit dem Avocado-Kichererbsen-Mash bestreichen und mit Gurke, Kresse und Salat belegen. Falls Brot übrig bleibt, hält es sich, in Alufolie oder Butterbrotpapier gewickelt, einige Tage.

MEDITERRANES PFANNENBROT

Für 4 Personen

FÜR DAS BROT

160 g Dinkelvollkornmehl

160 g Joghurt (1,5 % Fett)

7 EL Olivenöl

2 TL Salz

FÜR DEN BELAG

20 g Pinienkerne

1 Knoblauchzehe

1 Zweig Rosmarin

300 g mittelgroße bunte Tomaten

abgeriebene Schale von 1 Bio-Zitrone

2 EL Oliven

2 TL Kapern

ZUM GARNIEREN

½ Bund Basilikum

4 EL grob geriebener Parmesan

Ein gebratenes Brot für ein schnelles Abendessen. Hier habe ich es mit einem mediterranen Tomatensalat mit Kapern, Oliven, Knoblauch und Rosmarin belegt. Aber es eignet sich auch für andere spannende Kombinationen: Mir schmeckt es zum Beispiel auch mit einer Avocadocreme, Pulled Mushrooms und Ananas-Koriander-Salsa (siehe S. 160).

Das Dinkelmehl in eine Schüssel geben, mit Joghurt, 4 EL Olivenöl und dem Salz vermengen. Aus dem Teig auf einer bemehlten Arbeitsfläche 4 kleine, etwa 1 cm dicke Fladen formen. In einer Pfanne 1 EL Öl erhitzen und zwei Fladen darin von jeder Seite 1–2 Minuten backen. Herausnehmen und warm stellen. Wieder 1 EL Öl in die Pfanne geben und mit den beiden restlichen Fladen genauso verfahren.

Für den Belag die Pinienkerne in einer Pfanne ohne Fett rösten. Den Knoblauch schälen und in dünne Scheiben schneiden. Das restliche Öl (1 EL) in der Pfanne erhitzen und den Knoblauch darin sanft anschwitzen. Die Nadeln vom Rosmarinzweig abstreifen und zum Knoblauch geben, einmal durchschwenken und die Pfanne dann vom Herd nehmen.

Die Tomaten waschen, trocken tupfen und je nach Größe in Scheiben schneiden oder halbieren. Mit dem Rosmarin-Knoblauch-Öl mischen. Zitronenschale und geröstete Pinienkerne, Oliven und Kapern zu den Tomaten geben.

Den Basilikum waschen, trocken schütteln und die Blätter in Stücke zupfen. Die Pfannenbrote auf Tellern anrichten und den Tomatensalat darauf verteilen. Mit Basilikum und Parmesan garnieren und servieren.

PARMESAN-DINKEL-SHORTBREADS MIT KRÄUTERN

Für ca. 16 Stück

200 g Dinkelvollkornmehl

140 g fein geriebener Parmesan

1 TL frisch gemahlener schwarzer Pfeffer

1 TL Meersalz

2 EL Dukkah (siehe S. 40)

4 Zweige Rosmarin

130 g weiche Butter

2 EL verschiedene hübsche kleine Kräuterzweige und -blätter (z. B. Kerbel, Rosmarin, Salbei, Dill, Oregano …)

AUSSERDEM

runder Ausstecher (ca. 5–6 cm Ø)

Butterbrotpapier

vegan | laktosefrei

Diese köstlichen kleinen Dinger haben es in sich. Sie schmecken so wunderbar würzig, herzhaft und kräuterig! Man kann sie zum Nachmittagstee naschen, zum Aperitif reichen oder abends auf der Couch genießen. Meine kleine Tochter liebt sie so sehr, dass ich sie ihr auch schon für das zweite Frühstück im Kindergarten eingepackt habe.

Das Dinkelvollkornmehl mit Parmesan, Pfeffer, Meersalz und Dukkah mischen. Die Rosmarinnadeln von den Zweigen abstreifen, fein hacken und ebenfalls unter das Mehl mischen. Die weiche Butter und 2 EL Wasser einarbeiten und alles zu einem glatten Teig kneten. Den Teig zu einer Kugel formen, in Klarsichtfolie wickeln und 30 Minuten im Kühlschrank ruhen lassen.

Den Ofen auf 180 °C Ober-/Unterhitze vorheizen. Ein Backblech mit Backpapier belegen.

Die Kräuter vorsichtig waschen und trocken tupfen. Den Teig auf einer leicht bemehlten Arbeitsplatte etwa 2 cm dünn ausrollen. Mit dem Ausstecher Teigkreise im Teig anzeichnen, aber die Kreise noch nicht vollständig ausstechen. Die kleinen Kräuterzweige und -blätter auf den Kreisen verteilen. Vorsichtig mit Butterbrotpapier abdecken und einmal mit dem Nudelholz darüberrollen. So werden die Kräuter in den Teig gedrückt.

Nun die Kreise mit dem Ausstecher vollständig ausstechen und auf das Backblech legen. Die Shortbreads im vorgeheizten Ofen etwa 10 Minuten goldgelb backen, herausnehmen und vollständig auskühlen lassen.

Tous les
Las Noticias
Barcelona

GRÜNES HUMMUS MIT DINKEL-NAAN-BROT

Für 4 Personen

FÜR DAS HUMMUS

400 g Brokkoli

½ TL Natron

1 Bund glatte Petersilie

260 g Kichererbsen (Glas)

60 ml Olivenöl

1 TL Salz

1 ½ TL Cayennepfeffer

2 TL gemahlener Kreuzkümmel

ZUM GARNIEREN

10 frische Erbsenschoten

50 g Tomate, fein gewürfelt

½ Bund Radieschen

2 EL Minzblättchen

2 EL lila Basilikumblättchen

FÜR DAS NAAN-BROT

300 g Dinkelvollkornmehl

1 TL Backpulver

1 TL Meersalz

240 g griechischer Joghurt

2 EL Olivenöl

Ein leckeres Hummus ist so vielseitig einsetzbar. Es passt als Dip für ein opulentes Rohkostbuffet, als Brotaufstrich oder als Beigabe in Buddha Bowls mit Wildreis, Süßkartoffel, Avocado, Nüssen, gerösteten Kichererbsen und Rucola. Freunde und Familie wissen: In meinem Kühlschrank steht meist ein frisches Hummus. Nicht selten führt sie der Weg direkt dorthin. Sogar aufs Frühstücksbrötchen gebe ich einen Klecks Hummus mit Gurke, Dukkah und einem aufgeschnittenen wachsweich gekochten Ei.

Für das Hummus den Brokkoli in kleine Röschen teilen, dabei den großen Strunk entfernen. Die Röschen waschen. In einem Topf Salzwasser mit dem Natron zum Kochen bringen, den Brokkoli hineingeben und etwa 10 Minuten köcheln lassen. In der Zwischenzeit eine Schüssel mit Wasser und Eiswürfeln füllen. Den fertigen Brokkoli in ein Sieb geben und sofort im Eiswasser abschrecken, damit er seine grüne Farbe behält. Gut abtropfen lassen.

Die Petersilie waschen, trocken schütteln und grob hacken. Den Brokkoli mit Kichererbsen, Petersilie, Olivenöl und den Gewürzen mit dem Stabmixer zu einer feinen Creme pürieren. Das Hummus in eine große Schale geben und mit frischen Erbsenschoten, Tomatenwürfeln, Radieschen, Minze und Basilikum dekorieren.

Für das Naan das Mehl mit Backpulver, Salz und Joghurt in eine Schüssel geben und zu einem Teig verkneten. Sobald sich die Zutaten miteinander verbinden, 4 TL Wasser hinzufügen. Alles zu einem glatten Teig kneten.

Den Teig auf einer bemehlten Arbeitsfläche flach ausrollen, dann in acht Stücke teilen und zu etwa ½ cm dünnen Brotfladen ausrollen. Einen Fladen in einer sehr heißen Pfanne ohne Fett 1–2 Minuten backen, wenden und die gebackene Seite mit etwas Öl bestreichen. Die zweite Seite ebenfalls 1–2 Minuten backen. Den fertigen Fladen auf einen Teller legen und im Ofen warm halten. Mit den restlichen Fladen ebenso verfahren.

Die fertigen Naan-Brote mit dem grünen Hummus servieren und genießen.

Quinoa | Rote Bete | Kerne | Feta | Spinat | Minze | Limette

ROTE-BETE-QUINOA-BRATLINGE MIT MINZ-LIMETTEN-JOGHURT

Für 4 Personen

FÜR DIE ROTE-BETE-QUINOA-BRATLINGE

200 g bunte Quinoa

240 g Süßkartoffel

120 g Haferflocken, gemahlen

50 g Baby-Spinat

40 g Sonnenblumenkerne

40 g Pinienkerne

320 g frische Rote Bete

3 TL Meersalz

½ TL Cayennepfeffer

abgeriebene Schale von 2 Bio-Zitronen

160 g Feta

4 TL Kokosöl

FÜR DEN MINZ-LIMETTEN-JOGHURT

2 Stängel Minze

abgeriebene Schale und Saft von 1 Bio-Limette

5 EL Joghurt

Ui, wie ich diese Bratlinge liebe. Sie schmecken so würzig und haben einen ganz tollen Biss. Man kann sie einfach pur mit dem Dip essen. Manchmal esse ich sie auch statt Falafeln in einer Buddha Bowl, und wenn man sie kleiner macht, sind sie spitze in einem Tortilla-Wrap *(siehe S. 157)**.*

Für die Bratlinge die Quinoa in einem Sieb gründlich waschen, dann etwa 10 Minuten in Salzwasser garen. Gut abtropfen lassen und in eine große Schüssel geben. Die Süßkartoffel schälen, in grobe Würfel schneiden und etwa 10 Minuten weich kochen, dann abgießen, zerdrücken und mit der Quinoa vermengen. Die Haferflocken dazugeben. Den Spinat waschen, trocken schleudern und fein hacken. Mit Sonnenblumenkernen und Pinienkernen zur Süßkartoffel-Quinoa-Masse geben und sorgfältig vermischen. Die Rote Bete schälen (am besten mit Handschuhen), fein reiben, leicht ausdrücken und unter die Masse für die Bratlinge heben. Mit Salz, Cayennepfeffer und Zitronenschale würzen. Den Feta mit den Händen fein zerbröseln und unter die Masse kneten.

Aus der Masse etwa 16 flache Bratlinge formen. Das Öl in einer Pfanne erhitzen und die Bratlinge darin portionsweise bei mittlerer Hitze von jeder Seite 2–3 Minuten braten, anschließend die Temperatur erhöhen und noch einmal 2 Minuten von jeder Seite knusprig braten.

In der Zwischenzeit die Minze waschen, trocken schütteln, die Blättchen abzupfen und fein hacken. Zusammen mit dem Limettensaft und der -schale unter den Joghurt rühren. Die Bratlinge mit dem Joghurt servieren.

Praktisches

RÖSTMÖHREN MIT ERDNUSSCREME, GRANATAPFEL UND PFEFFER-HONIG

Für 4 Personen

FÜR DIE MÖHREN

1 Bund Möhren

1 EL Olivenöl

2 TL Honig

¼ TL Meersalz

FÜR DEN PFEFFER-HONIG

½ TL schwarze Pfefferkörner

3 EL Honig

FÜR DIE ERDNUSSCREME

4 TL Erdnussmus

3 EL Joghurt

ZUM GARNIEREN

2 EL Minzblätter

½ Granatapfel

Sesam

glutenfrei

Diese gerösteten Möhren sind eine außergewöhnliche Beilage für einen knackigen Salat und gebratenen Halloumi. Als Einlage in einem Wrap schmecken sie auch prima, und ganz besonders dekorativ sind sie als Garnitur für ein Grünes Hummus (siehe S. 89).

Den Ofen auf 180 °C Ober-/Unterhitze vorheizen. Ein Backblech mit Backpapier belegen.

Die Möhren putzen. Das Olivenöl mit Honig und Meersalz verrühren und die Möhren damit bestreichen. Die Möhren auf das Backblech legen und im vorgeheizten Ofen etwa 20 Minuten rösten.

Für den rauchigen Pfeffer-Honig den Pfeffer ganz grob mahlen. In einem kleinen Topf bei schwacher Hitze rösten, bis duftende Rauchschwaden aufsteigen. Den Honig dazugeben und auskühlen lassen.

Für die Erdnusscreme das Erdnussmus mit dem Joghurt glatt rühren.

Die Minzblätter waschen und trocken schütteln, die Kerne aus dem Granatapfel auslösen.

Die gerösteten Möhren auf eine Platte geben und mit dem rauchigen Pfeffer-Honig, Erdnusscreme, Minzblättern, Granatapfelkernen und Sesam garnieren.

TIPP | Ihr könnt das Möhrengrün aufheben, waschen, fein hacken und ebenfalls über die gerösteten Möhren geben.

Kichererbse | Kreuzkümmel | Zucchini | Mais | Pak Choi | Kapern

HUMMUS MIT GERÖSTETEM GEMÜSE

Für 4 Personen

Von Hummus bekomme ich nie genug. Als Dip für zwischendurch mit viel Rohkost, als Brotaufstrich, als cremiges Topping für eine köstliche Buddha Bowl oder als Sauce in einem Wrap mit viel gegrilltem Gemüse, Avocado und Salat. Alle paar Tage mache ich ein neues Hummus, denn die Varianten sind fast so zahlreich wie die Einsatzmöglichkeiten – deswegen findet ihr auch so viele Hummusrezepte in diesem Buch.

FÜR DAS GEMÜSE

½ Zucchini

1 kleiner Pak Choi

1 Schalotte

3 Knoblauchzehen

1 TL Kokosöl

½ Maiskolben, gegart

FÜR DAS HUMMUS

260 g Kichererbsen (Glas)

65 ml Olivenöl

½ TL Salz

½ TL gemahlener Kreuzkümmel

1 EL Tahin

Saft von ½ Zitrone

ZUM GARNIEREN

1 EL schwarzer Sesam

2 EL Kapern

vegan | glutenfrei | laktosefrei

Für das Gemüse die Zucchini in breite Stifte schneiden. Den Pak Choi halbieren. Die Schalotte halbieren und den Knoblauch schälen. Das Kokosöl in einer großen Pfanne zerlassen und Zucchinistifte, Pak Choi, Schalotte, Knoblauch und den Maiskolben darin bei schwacher Hitze von allen Seiten goldbraun braten. Den Maiskolben herausnehmen und in Scheiben schneiden.

In der Zwischenzeit das Hummus vorbereiten. Hierzu die Kichererbsen zusammen mit Olivenöl, 3 EL Wasser, Salz, Kreuzkümmel, Tahin und Zitronensaft im Mixer zu einer glatten Creme pürieren. Das Hummus in eine Schale geben und mit dem gerösteten Gemüse anrichten. Nach Belieben mit Sesam und Kapern dekorieren und servieren.

Barcelona

Brokkoli | Quinoa | Cashew | Cayennepfeffer

BROKKOLI-QUINOA-BÄLLCHEN MIT CASHEW-MAYONNAISE

Für 4 Personen

FÜR DIE CASHEW-MAYONNAISE

60 g geröstete, gesalzene Cashewkerne

20 ml Olivenöl

½ TL Meersalz

¼ TL Cayennepfeffer

Saft von ½ Zitrone

½ TL scharfer Senf

FÜR DIE BROKKOLI-QUINOA-BÄLLCHEN

60 g Quinoa

200 g Brokkoli

15 ml Olivenöl

3 EL Flohsamenschalen

40 g geröstete, gesalzene Cashewkerne

35 g Kichererbsenmehl

1 TL Meersalz

1 TL gemahlener Kreuzkümmel

1 Msp. Cayennepfeffer

vegan | glutenfrei | laktosefrei

Diese Brokkoli-Quinoa-Bällchen sind solo ein herzhafter Snack für zwischendurch. Sie sind auch eine Abwechslung zu Falafeln in einer Buddha Bowl und schmecken zu meinen Spinat-Crêpes (siehe S. 163). Mit etwas Salat in einen Tortilla-Fladen (siehe S. 157) gewickelt, werden sie zu einem würzigen Wrap. Die Bällchen sind leicht scharf, und die Cashewkerne darin sorgen für einen angenehmen Biss. Die samtige Cashew-Mayonnaise gibt den Bällchen noch einen pikanten Kick.

Für die Cashew-Mayonnaise die Cashewkerne in eine Schüssel geben, mit Wasser bedecken und 4 Stunden einweichen lassen. Dann abspülen und gut abtropfen lassen. Die Cashewkerne mit 60 ml Wasser, Olivenöl, Meersalz, Cayennepfeffer, Zitronensaft und Senf in ein hohes Gefäß geben und mit dem Stabmixer zu einer samtig-glänzenden Creme mixen.

Den Ofen auf 180 °C Ober-/Unterhitze vorheizen. Ein Backblech mit Backpapier belegen.

Die Quinoa in einem Sieb gründlich waschen, dann etwa 10 Minuten in Salzwasser gar kochen. Gut abtropfen und abkühlen lassen. In der Zwischenzeit den Brokkoli in kleine Röschen teilen und in Salzwasser etwa 5 Minuten garen. Abgießen und sehr fein hacken oder mit dem Stabmixer pürieren. Es dürfen noch kleine Stückchen zu erkennen sein. Brokkoli und Quinoa in eine Schüssel geben.

Das Olivenöl mit 60 ml Wasser und den Flohsamenschalen verrühren und kurz quellen lassen. Zu Brokkoli und Quinoa geben und gut vermischen. Die Cashewkerne mittelfein hacken und ebenfalls zum Gemüse geben. Kichererbsenmehl und Gewürze hinzufügen und alles gut miteinander vermengen. Aus der Masse kleine Bällchen formen, auf das Backblech legen und im vorgeheizten Ofen etwa 25 Minuten backen.

Die Bällchen mit der Cashew-Mayonnaise servieren.

TIPP | Ihr könnt die Bällchen auch mit Currypulver oder Kreuzkümmel würzen. Statt der Cashewkerne könnt ihr andere Kerne und Nüsse verwenden oder sie auch ganz weglassen.

Edamame | Limette | Kapern | schwarzer Sesam

EDAMAME-DIP

Für 600 g Dip

FÜR DEN EDAMAME-DIP

400 g gepalte Edamame (TK)

150 g Kichererbsen (Glas)

50 ml Olivenöl

1 ½ TL Salz

Schale von 1 Bio-Limette

ZUM GARNIEREN

Olivenöl (nach Belieben)

1 EL Sonnenblumenkerne

1 EL Kapern

Schale von 1 Bio-Limette

1 TL schwarzer Sesam

vegan | glutenfrei | laktosefrei

Dieser Dip ist neben meinem heißgeliebten Hummus mein neuer Liebling. Jede Sorte Rohkost kann man in die Edamame-Creme dippen. Daneben gibt sie einen prima Aufstrich ab, wie gemacht für mein nussiges Spinatbrot (siehe S. 78). Toll ist der Edamame-Dip auf einem Sandwich mit Avocado, Gurke, Koriander und Quick-Pickled-Zwiebeln (siehe S. 72). Auch in einem (Salat-) Wrap oder einer Tortilla ist er große Klasse.

Die Edamame mit den Kichererbsen, 50 ml Wasser, Olivenöl, Salz und Limettenschale in ein hohes Gefäß geben und mit dem Stabmixer zu einer Creme pürieren.

Den Edamame-Dip in eine Schale geben. Nach Belieben mit etwas Olivenöl beträufeln und mit Sonnenblumenkernen, Kapern, Limettenschale und schwarzem Sesam garnieren.

TIPP | Der Edamame-Dip lässt sich wunderbar abwandeln. Man kann z. B. Petersilie oder Koriander untermixen. Wer es noch würziger mag, macht Varianten mit Ingwer und Chili.

Rote Bete | Möhre | Radieschen | rote Zwiebel | Dill

QUICK-PICKLED-GEMÜSE

Für 1 Glas

180 g Rote Bete
1 TL Kokosöl
Salz
250 g kleine Möhren
120 g Radieschen
140 g rote Zwiebeln
400 ml Apfelessig
40 g Honig (wahlweise Ahornsirup)
1 Bund Dill

AUSSERDEM

ein Schraubdeckel-Glas (1 l)

glutenfrei | laktosefrei

Ich dachte immer, ich wäre nicht so der Fan von sauer Eingelegtem. Aber dieses Quick-Pickled-Gemüse kombiniere ich zu vielen Rezepten. Gerade die Zwiebeln und Radieschen passen großartig in Wraps, auf Sandwiches und auch zu Hummus. Daher ist es nicht verwunderlich, dass sie in diesem Buch oft zum Einsatz kommen. Sie verleihen jedem Gericht eine pikant-saure Note, die oft das Tüpfelchen auf dem i ist.

Den Ofen auf 180 °C Umluft vorheizen. Ein Backblech mit Backpapier belegen.

Für das eingelegte Gemüse zunächst die Rote Bete vorgaren. Hierzu die Rote Bete gut waschen, schälen und anschließend je nach Größe vierteln oder in Spalten schneiden. Das Kokosöl in einer großen Schüssel mit 1 Prise Salz vermengen und die Rote Bete darin wenden. Auf das Backblech geben und im Ofen etwa 25 Minuten rösten.

In der Zwischenzeit die Möhren putzen und längs halbieren. Die Radieschen putzen, die Zwiebeln schälen und in dicke Spalten schneiden.

Den Apfelessig mit 400 ml Wasser und dem Honig oder Ahornsirup in einen Topf geben und aufkochen lassen. Die Rote Bete, Möhren, Radieschen und Zwiebeln hinzufügen. Sofort vom Herd nehmen und auskühlen lassen. Den Dill waschen, fein hacken und zum Gemüse geben.

Das Gemüse mit dem Sud in ein großes Glas füllen. Das Quick-Pickled-Gemüse ist im Kühlschrank 1 Woche haltbar.

Kichererbse | Zucchini | Frühlingszwiebel | Feta | Cayennepfeffer | Majoran

KICHERERBSEN-PUFFER MIT HUMMUS, JOGHURT UND MAJORAN

Für 4 Personen

FÜR DIE KICHERERBSEN-PUFFER

150 g Zucchini

200 g Kichererbsen (Glas)

50 g frische Erbsen

2 Frühlingszwiebeln

2 EL Majoran

100 g Feta

2 Eier (Größe M)

1 TL Salz

¼ TL Cayennepfeffer

frisch gemahlener schwarzer Pfeffer

150 g Kichererbsenmehl

ZUM SERVIEREN

½ Bund Majoran

200 g Hummus (siehe S. 204)

100 g Joghurt

glutenfrei

Superleckere Kichererbsen-Puffer, gefüllt mit allerlei Leckereien wie Erbsen, Zucchini, Frühlingszwiebeln, Feta und Majoran. Diese kleinen Dinger sind ratzfatz weggenascht. Ich mag dazu am liebsten Hummus und Joghurt.

Den Ofen auf 180 °C Ober-/Unterhitze vorheizen. Ein Backblech mit Backpapier belegen.

Die Zucchini waschen, grob raspeln, in ein Tuch geben und den Saft ausdrücken. Die Zucchiniraspel mit Kichererbsen und Erbsen in eine Schüssel geben. Die Frühlingszwiebeln waschen, putzen und in feine Ringe schneiden, den Majoran waschen, trocken schütteln und fein hacken. Den Feta fein zerbröckeln. Frühlingszwiebeln, Majoran und Feta zum Gemüse geben.

Die Eier mit den Gewürzen verquirlen. Zum Gemüse geben und alles gut miteinander verrühren. Anschließend das Kichererbsenmehl hinzufügen und alle Zutaten zu einer homogenen Masse vermengen.

Aus der Masse mit feuchten Händen 10–12 kleine Puffer formen und auf das Backblech setzen. Die Kichererbsen-Puffer im vorgeheizten Ofen etwa 15–20 Minuten backen.

In der Zwischenzeit den Majoran waschen, trocken schütteln und die Blättchen von den Stielen streifen. Die Kichererbsenpuffer mit Hummus und Joghurt servieren, nach Belieben mit Majoranblättchen garnieren.

GEMÜSECHIPS MIT CASHEW-ERDNUSS-CREME

Für 4 Personen

FÜR DIE GEMÜSECHIPS

10 Wirsingblätter

10 Grünkohlblätter

6 EL Olivenöl

1 ½ TL Salz

½ TL Cayennepfeffer

1 große frische Rote Bete

3 EL Olivenöl

FÜR DIE CASHEW-ERDNUSS-CREME

30 g geröstete, gesalzene Cashewkerne

70 g geröstete, gesalzene Erdnusskerne

2 EL Tahin

1 Msp. Cayennepfeffer

vegan | glutenfrei | laktosefrei

Mmmhhhh, wie ich diese Chips liebe. So würzig und dabei noch so gesund – die machen süchtig. Sogar meine Tochter kann nicht genug davon bekommen. So macht snacken Spaß! Bei den Gewürzen sind eurer Kreativität keine Grenzen gesetzt, probiert die Chips zur Abwechslung auch mit Kreuzkümmel oder Currypulver. Und nach dem Backen könnt ihr die Chips noch mit Parmesan oder Sesam bestreuen.

Den Ofen auf 120 °C Umluft vorheizen. Zwei Backbleche mit Backpapier belegen.

Die Wirsingblätter und die Grünkohlblätter waschen, trocken tupfen, den großen Strunk entfernen und die Blätter in kleine Stücke schneiden. In eine Schüssel geben. Olivenöl, 1 TL Salz und Cayennepfeffer hinzugeben und alles mit den Händen vermengen, dabei den Kohl etwas massieren.

Die Rote Bete schälen (am besten mit Handschuhen) und in sehr dünne Scheiben schneiden oder hobeln. Mit Olivenöl und ½ TL Salz marinieren.

Wirsing, Grünkohl und Rote Bete auf die Backbleche verteilen. Darauf achten, dass das Gemüse nicht übereinanderliegt. Beide Backbleche in den Ofen schieben und das Gemüse etwa 15 Minuten rösten, bis es leicht knusprig ist, dabei nach der Hälfte der Garzeit die Backbleche tauschen. Das gegarte Gemüse herausnehmen und 5 Minuten auf den Backblechen ruhen lassen.

In der Zwischenzeit für die Cashew-Erdnuss-Creme die Cashewkerne und Erdnüsse in einem Hochleistungsmixer zu einem Nussmus mahlen. Tahin und Cayennepfeffer hinzufügen und kurz untermixen. Die Cashew-Erdnuss-Creme hält sich in einem Glasgefäß 1 Woche.

TIPP | Wenn ihr keinen Mixer habt, könnt ihr auf hochwertiges gekauftes Erdnussmus zurückgreifen und es mit Tahin und Cayennepfeffer verfeinern. Die Cashewkerne entfallen dann.

Kürbis | Himbeere | Sternanis | Koriander | Voatsiperifery-Pfeffer | Kreuzkümmel

KÜRBISSPALTEN MIT HIMBEER-KETCHUP

Für 4 Personen

FÜR DEN HIMBEER-KETCHUP

⅓ Sternanis

250 g Himbeeren

1 TL Senf

je 1 Msp. Salz und Cayennepfeffer

1 TL Kokosblütenzucker

1 Msp. Voatsiperifery-Pfeffer

FÜR DIE KÜRBISSPALTEN

450 g Kürbis (Hokkaido)

20 ml Olivenöl (wahlweise Kokosöl)

½ TL Meersalz

½ TL gemahlener Kreuzkümmel

FÜR DIE KÜRBISKERNE

1 TL Kokosöl

Salz

1 Msp. Cayennepfeffer

¼ TL Kokosblütenzucker

ZUM GARNIEREN

1 Bund Koriandergrün

Zesten von 1 Bio-Zitrone

glutenfrei | laktosefrei

Dieser Himbeer-Ketchup ist eine Wucht. Ich könnte ihn zu so vielem essen: zu Tortillas mit Hummus, Salat und Halloumi, auf einem Burger mit Pulled Mushrooms, Avocadocreme und Rucola ... In diesem Rezept veredelt er würzige Kürbisspalten mit Koriander, Zitrone und gerösteten Hokkaido-Kürbiskernen. Es ist nämlich viel zu schade, die Kerne aus dem Kürbis einfach zu entsorgen: Kürbiskerne sind so gesund und zudem noch recht schnell geröstet. Abends auf der Couch snacken sie sich einfach so weg.

Den Ofen auf 180 °C Ober-/Unterhitze vorheizen. Ein Backblech mit Backpapier belegen.

Für den Himbeer-Ketchup den Sternanis mörsern. Die Himbeeren mit Sternanis, Senf, Salz, Cayennepfeffer, Kokosblütenzucker und Pfeffer pürieren.

Den Kürbis waschen. Die Kerne und Fasern herauslösen und beiseitestellen, das Kürbisfleisch in Spalten schneiden. Olivenöl, Meersalz und Kreuzkümmel in einer großen Schüssel verrühren und die Kürbisspalten darin wenden, bis sie rundum mit dem Würzöl überzogen sind. Auf das Backblech geben.

Die Kürbiskerne mit den Fasern in eine Schüssel mit Wasser geben. Die Kerne schwimmen nach oben, sodass man sie leicht aus den Fasern lösen kann. Die Kerne auf ein Küchenpapier legen, von den restlichen Fasern befreien und mit einem weiteren Küchenpapier trocken tupfen, dabei bleiben die letzten Faserreste daran haften. Kokosöl mit 1 Prise Salz, Cayennepfeffer und Kokosblütenzucker in einer Schüssel verrühren und die Kürbiskerne darin wenden. Die Kerne zu den Kürbisspalten auf das Backblech legen und beides im vorgeheizten Ofen 20 Minuten rösten. Die Kürbiskerne dabei einmal durchrühren.

In der Zwischenzeit den Koriander waschen, trocken schütteln, die Blätter abzupfen und grob hacken. Die gerösteten Kürbisspalten mit dem Himbeer-Ketchup servieren und nach Belieben mit Koriander, Zitronenzesten und Kürbiskernen garnieren.

SUPPEN

An kalten Wintertagen hilft oft nur eine heiße Suppe. Sich nach einem Spaziergang im Schneegestöber gemütlich vor den Kamin zu kuscheln, eine köstliche Suppe zu löffeln und den Flammen beim Tanzen zuzusehen, das ist etwas Wunderbares. Doch auch wenn es draußen wärmer ist, sind Suppen eine köstliche und leichte Möglichkeit, den Hunger zu stillen. Suppen sind nicht nur echtes Soulfood, sondern sie sind auch gut zu unserem Körper: Denn eine selbst gekochte Suppe mit viel Gemüse belastet die Verdauung nicht, ist reich an Vitaminen, Ballaststoffen und Mineralien und ist außerdem gut für unseren Flüssigkeitshaushalt. Eine Suppe ist eben ein Rundum-Wohlfühl-Paket für Körper und Seele!

Blumenkohl | Knoblauch | Thymian | Kichererbse | Mandel

GERÖSTETE BLUMENKOHL-KNOBLAUCH-SUPPE

Für 4 Personen

FÜR DIE SUPPE

1 Blumenkohl (ca. 1 kg)

1 EL Kokosöl

1 TL Meersalz

1 TL gemahlener Kreuzkümmel

½ TL Baharat (Gewürzmischung)

1 Knoblauchknolle

140 g Kichererbsen (Glas)

400 ml Gemüsebrühe

ZUM GARNIEREN

40 g Mandelblättchen

2 TL Kokosöl

300 g Kichererbsen (Glas)

4 EL Sojasauce (Tamari)

2 Zweige Thymian

vegan | glutenfrei | laktosefrei

Die perfekte Suppe für einen Herbstabend: Wenn es draußen stürmt, kann man es sich so richtig gemütlich machen und diese wärmende, stärkende Suppe genießen. Ich liebe vor allem den im Ofen gerösteten Knoblauch: Er wird ganz weich und süßlich, überhaupt nicht scharf! Blumenkohl zählt zu den gesündesten Gemüsesorten überhaupt, außerdem ist er sehr kalorienarm und enthält viele wichtige Nährstoffe. Und in dieser Suppe ist er einfach köstlich.

Den Ofen auf 180 °C Ober-/Unterhitze vorheizen. Ein Backblech mit Backpapier belegen.

Den Blumenkohl in kleine Röschen teilen. Man benötigt etwa 650 g Röschen. Kokosöl, Meersalz, Kreuzkümmel und Baharat in einer großen Schüssel verrühren und die Blumenkohl-Röschen darin wenden, bis sie gleichmäßig mit der Gewürzmischung überzogen sind. Den Blumenkohl auf dem Backblech verteilen. Die Knoblauchknolle halbieren, die Hälften jeweils in Alufolie wickeln und ebenfalls auf das Backblech legen. Blumenkohl und Knoblauch im Ofen etwa 25 Minuten garen.

In der Zwischenzeit für die Garnitur die Mandelblättchen in einer Pfanne unter Rühren kurz anrösten. Herausnehmen und beiseitestellen. Das Kokosöl in der Pfanne zerlassen und die Kichererbsen darin andünsten. Mit der Sojasauce ablöschen und unter Rühren reduzieren. Die Thymianblättchen von den Zweigen streifen.

Für die Suppe den Blumenkohl in einen Topf geben. Die Knoblauchzehen aus den halbierten Knollen herausdrücken und hinzugeben, die Kichererbsen hinzufügen und mit der Gemüsebrühe aufgießen. Die Suppe köcheln lassen, bis die Kichererbsen gut durchgewärmt sind, dann mit dem Stabmixer pürieren.

Die Blumenkohl-Knoblauch-Suppe in tiefe Teller geben und mit den Kichererbsen, Mandelblättchen und Thymian garnieren.

Januar.
23
durch innerlichen Trost, durch Abwendung der
von meinem Leib
und Seele, durch Mittheilung deines Segens
beständige Erhaltung in
deiner Gnade.
21
meinen Willen,
mand folge als dir.
wissen frei, rein Herz dabei,
tur geben kann. Laß mich
sondern es halten wie mein
leiden kann. Laß mich in
haben, was ich thue,
und immer dabei gedenke
Wunde in mein Gewissen
Glauben anhange, auf
suche und finde, so
hingegen unbedig,
mich fromm, gehorsa
den Schein eines
mich fleißig erwäge
und alle meine Absichten erkennest.
Vielheit deiner Wohlthaten

Sternanis | Nelke | Zucchini | Cayennepfeffer | Limette | Pilze | Koriander | Pak Choi

VEGANE ZUCCHINI-PHO-BOWL

Für 4 Personen

FÜR DIE BRÜHE

1 Schalotte

2 Knoblauchzehen

35 g frischer Bio-Ingwer

1 TL Kokosöl

500 g Suppengrün

1 rote Chili

60 g Champignons

2 getrocknete Shiitake

2 EL Sojasauce (Tamari)

3 Sternanis

4 Nelken

1 TL gemahlener Ceylon-Zimt

1 l Gemüsebrühe

Diese vegane Variante einer Pho Bowl lässt keine Wünsche offen. Sie ist herrlich würzig, leicht scharf und schmeckt einfach himmlisch. Für unseren Gaumen sind die für eine Pho charakteristischen Gewürze eher weihnachtlich. Doch in dieser Suppe sind sie auch im Frühling, Sommer und Herbst unschlagbar. Eine köstliche, wärmende Suppe mit tollen Einlagen, die mich rundum glücklich macht.

Den Ofen auf 200 °C Ober-/Unterhitze vorheizen. Ein Backblech mit Backpapier belegen.

Die Schalotte und den Knoblauch schälen und in grobe Stücke schneiden. Den Ingwer waschen und ungeschält in grobe Stücke schneiden. Das Kokosöl in einem Topf erhitzen und Schalotte, Knoblauch und Ingwer darin anschwitzen. Das Suppengrün putzen, waschen und grob würfeln. Die Chili ebenfalls in grobe Stücke schneiden.

Alles zum Suppenansatz in den Topf geben. Die Champignons putzen, in Scheiben schneiden und mit den getrockneten Shiitake ebenfalls in den Topf geben. Das Gemüse anbraten, bis sich leichte Röststoffe bilden, dann mit der Sojasauce ablöschen, die Gewürze hinzufügen und mit der Gemüsebrühe aufgießen. Die Brühe 30 Minuten sanft köcheln lassen.

Weiter geht's auf der nächsten Seite.

FÜR DEN TOFU

400 g Tofu

2 TL Kokosöl

1 TL Cayennepfeffer

2 TL Sojasauce

FÜR DIE SUPPENEINLAGE

250 g gemischte Pilze (z. B. braune Champigons, Kräuterseitlinge ...)

2 TL Kokosöl

Salz

4 kleine Pak Choi

1 Bund Koriandergrün

1 Chilischote

2 Frühlingszwiebeln

250 g Zucchini

2 Bio-Limetten

AUSSERDEM

Spiralschneider

vegan | glutenfrei | laktosefrei

In der Zwischenzeit den Tofu mit den Händen zerbröseln. Das Kokosöl mit Cayennepfeffer und Sojasauce verrühren und mit dem Tofu vermengen. Den Tofu auf das Backblech geben und im Ofen etwa 20 Minuten rösten, dann herausnehmen und in einer Schüssel beiseitestellen.

Die Brühe durch ein Sieb passieren, das ausgekochte Gemüse entfernen. 6 EL Brühe über den Tofu geben und verrühren, die restliche Brühe warm halten.

Für die Einlage die Pilze putzen und in mundgerechte Stücke schneiden. In einer Pfanne 1 TL Kokosöl erhitzen, die Pilze darin anbraten und mit 1 Prise Salz würzen. Herausnehmen und beiseitestellen. Den Pak Choi waschen, halbieren und in 1 TL Kokosöl bei schwacher Hitze andünsten. Den Koriander waschen, trocken schütteln und grob hacken. Die Chilischote entkernen und in feine Ringe schneiden. Die Frühlingszwiebeln ebenfalls in feine Ringe schneiden. Die Zucchini mit einem Spiralschneider zu Zucchininudeln drehen, alternativ in feine Streifen schneiden. Die Limetten in dünne Scheiben schneiden.

Pilze, Zucchininudeln, Pak Choi und Tofu auf vier Suppenschalen verteilen. Mit der Brühe aufgießen und mit Koriander, Chiliringen, Frühlingszwiebeln und Limettenscheiben garnieren.

SPINAT-LAUCH-SUPPE MIT GEFÜLLTEN ZUCCHINIBLÜTEN UND CASHEWS

Für 4 Personen

FÜR DEN CASHEW CHEESE

80 g Cashewkerne

⅓ Bund Dill

1 Msp. Meersalz

1 Msp. Kubebenpfeffer

FÜR DIE SPINAT-LAUCH-SUPPE

1 Lauchstange

200 g Kartoffeln

1 EL Kokosöl

1,5 l Gemüsebrühe

100 g Spinat

Salz, frisch gemahlener Pfeffer

FÜR DIE ZUCCHINIBLÜTEN

4 kleine Zucchiniblüten samt Mini-Zucchini

1 TL Sonnenblumenöl

ZUM GARNIEREN

50 g Cashewkerne

¼ TL Kubebenpfeffer

1 EL Ahornsirup

vegan | glutenfrei | laktosefrei

Diese Suppe ist für sich allein schon sehr lecker und mit ihrer schönen grünen Farbe ein echter Hingucker. Doch den besonderen Clou bekommt sie durch die mit Cashew Cheese gefüllten Zucchiniblüten. Als knuspriges Topping gibt es karamellisierte Cashewkerne.

Für den Cashew Cheese die Cashewkerne vollständig mit Wasser bedecken und 2 Stunden einweichen lassen.

Den Ofen auf 180 °C Ober-/Unterhitze vorheizen. Ein Backblech mit Backpapier belegen.

Für die Suppe den Lauch längs halbieren und gründlich waschen, sodass alle Erdreste entfernt werden. Den Lauch in Ringe schneiden. Die Kartoffeln schälen und in Würfel schneiden. In einem Topf 1 EL Kokosöl erhitzen. Lauchringe und Kartoffelwürfel darin anschwitzen. Die Gemüsebrühe hinzufügen und alles etwa 20–25 Minuten offen köcheln lassen.

In der Zwischenzeit für den Cashew Cheese das Wasser von den Cashewkernen abgießen, die Kerne in ein hohes Gefäß geben und mit dem Stabmixer pürieren. Den Dill waschen, trocken schütteln und fein hacken. Unter den Cashew Cheese rühren und mit Salz und Kubebenpfeffer abschmecken.

Die Zucchiniblüten ganz vorsichtig waschen und die Blütenstempel mit einem kleinen Messer herausschneiden. Dazu die Blütenblätter an einer Seite ganz leicht einritzen, damit man an den Stempel kommt. Die Blüten vorsichtig mit dem Cashew Cheese füllen und die Blütenblätter oben wieder zusammendrehen. Die Zucchiniblüten auf das Backblech legen, mit Öl bepinseln und im Ofen 5 Minuten backen.

Für die Suppe den Spinat waschen und zu Lauch und Kartoffeln in die Brühe geben, kurz zusammenfallen lassen und die Suppe dann pürieren. Mit Salz und Pfeffer abschmecken.

Für die Garnitur Cashewkerne und Kubebenpfeffer in die Pfanne geben und kurz rösten. Mit dem Ahornsirup beträufeln und karamellisieren lassen.

Die Suppe in tiefe Teller geben und mit den gefüllten Zucchiniblüten und den Cashewkernen anrichten.

Möhre | Ingwer | Zimt | Curry | Kokos | Brunnenkresse | schwarzer Sesam

MÖHREN-INGWER-SUPPE

Für 4 Personen

1 Schalotte
1 Knoblauchzehe
1 TL Kokosöl
Salz
400 g Möhren
40 g frischer Ingwer
½ TL gemahlener Ceylon-Zimt
½ TL Cayennepfeffer
½ TL Currypulver
1 TL Kurkumapulver
½ TL gelbe Currypaste
½ TL schwarzer Pfeffer
500 ml Gemüsebrühe
400 ml Kokosmilch

ZUM GARNIEREN

2 violette Möhren
½ TL Kokosöl
schwarzer Sesam
Brunnenkresse

vegan | glutenfrei | laktosefrei

Diese Möhren-Ingwer-Suppe koche ich an kühlen Tagen, an denen mein Körper und meine Seele etwas Wärmendes brauchen. Sie ist im Handumdrehen gemacht, und dann kann man sich mit einer großen Schale auf die Couch kuscheln und aufwärmen. Ingwer, Curry und Cayennepfeffer sorgen für ordentlich Schärfe, die Kokosmilch macht die Suppe schön samtig, und der Zimt gibt ihr eine weiche Note. Die Gewürze, die ich verwende, haben in der traditionellen Naturheilkunde einen festen Platz, und sie machen diese Suppe zu einer Wohltat nicht nur für die Seele, sondern auch für den Körper.

Die Schalotte schälen und fein würfeln. Den Knoblauch ebenfalls schälen und sehr fein hacken. Das Kokosöl in einem Topf erhitzen, die Schalotten- und Knoblauchwürfel mit 1 Prise Salz in den Topf geben und bei mittlerer Hitze anschwitzen.

Die Möhren waschen und in Scheiben schneiden. Den Ingwer schälen und fein hacken. Beides in den Topf geben und einige Minuten bei schwacher Hitze andünsten. Dabei immer wieder umrühren. Ceylon-Zimt, Cayennepfeffer, Currypulver, Kurkuma, Currypaste und schwarzen Pfeffer dazugeben und kurz unter Rühren anrösten. Mit Gemüsebrühe und Kokosmilch aufgießen. Einen Deckel auflegen und die Suppe etwa 20 Minuten sanft köcheln lassen, bis die Möhren weich sind.

In der Zwischenzeit die violetten Möhren waschen und in dünne Scheiben schneiden. Das Kokosöl in einer Pfanne erhitzen, die Möhren darin bei schwacher Hitze andünsten und mit 1 Prise Salz würzen.

Die Suppe mit dem Stabmixer pürieren und mit etwas Salz abschmecken. Die Möhren-Ingwer-Suppe in tiefe Teller geben und mit den violetten Möhrenscheiben, etwas schwarzem Sesam und Brunnenkresse garnieren.

weiße Bohne | Roggen | Zimt | Kerne | Sprossen | Kresse

WEISSE BOHNENSUPPE MIT CROÛTONS, SONNENBLUMENKERNEN UND KRESSE

Für 4 Personen

FÜR DIE BOHNENSUPPE

250 g weiße getrocknete Bohnen (wahlweise 500 g gekochte weiße Bohnen)

2 Schalotten

1 Knoblauchzehe

1 TL Kokosöl

1 TL Ahornsirup

750 ml Gemüsebrühe

½ TL gemahlener Kreuzkümmel

FÜR DIE CROÛTONS

100 g Roggenvollkornbrot

2 EL Kokosöl

¼ TL gemahlener Ceylon-Zimt

Salz

ZUM GARNIEREN

50 g Sonnenblumenkerne

1 TL Ahornsirup

4 EL Kresse

4 EL Sprossen

vegan | laktosefrei

Weiße Bohnen, die ich zu einer cremigen Suppe mixe, werden mit zimtigen Roggenbrot-Croûtons, Sonnenblumenkernen und jeder Menge Kresse und Sprossen zu einer meiner Lieblingssuppen. Wenn man auf fertig gekochte Bohnen zurückgreift, ist die Suppe sogar ein superschnelles Gericht.

Am Vortag die getrockneten Bohnen vollständig mit Wasser bedecken und über Nacht einweichen.

Am nächsten Tag das Wasser abgießen, die Bohnen abspülen, mit der dreifachen Menge Wasser in einen Topf geben und etwa 1,5 Stunden garen, bis sie weich sind.

In der Zwischenzeit die Schalotten und den Knoblauch schälen und fein hacken. Das Kokosöl in einem Topf erhitzen und Schalotten und Knoblauch darin anschwitzen. Den Ahornsirup hinzufügen und unter Rühren leicht karamellisieren. Die gegarten Bohnen hinzufügen, mit der Gemüsebrühe aufgießen und abgedeckt 5 Minuten sanft köcheln lassen. Den Kreuzkümmel hinzufügen und die Suppe mit dem Stabmixer pürieren. Warm halten.

Für die Garnitur die Sonnenblumenkerne in einer Pfanne ohne Fett anrösten, dann den Ahornsirup dazugeben und karamellisieren. Herausnehmen und beiseitestellen.

Für die Croûtons das Roggenbrot in kleine Würfel schneiden. Das Kokosöl in der Pfanne erhitzen und die Brotwürfelchen darin rösten. Immer wieder umrühren. Die Croûtons mit Zimt und 1 Prise Salz würzen.

Die Bohnensuppe in Schalen anrichten und mit Croûtons, Sonnenblumenkernen, Kresse und Sprossen servieren.

Ingwer | Miso | Tahin | Frühlingszwiebel | Koriander | Ei | Brunnenkresse

RAMEN-SUPPE

Für 4 Personen

FÜR DIE RAMEN-SUPPE

45 g frischer Ingwer

2 TL Kokosöl

2 EL Sojasauce (Tamari)

2 TL Miso-Paste (Hatcho Miso)

2 TL Tahin

1 l Gemüsebrühe

200 g Mangold

¼ TL Meersalz

400 g Soba-Nudeln (100 % Buchweizen)

ZUM SERVIEREN

2 Eier (Größe S)

2 Bund Koriandergrün

2 Frühlingszwiebeln

2 Chilischoten

Brunnenkresse

2 EL schwarzer Sesam

glutenfrei | laktosefrei

Ramen, eine japanische Nudelsuppe, liebe ich sehr. Diese hier ist eine Miso-Ramen, sie bekommt den kräftigen Geschmack durch das starke Hatcho Miso. Neben den Soba-Ramen, Nudeln aus Buchweizenmehl, enthält die Suppe eine tolle Einlage aus wachsweich gekochten Eiern, viel Koriander, Mangold, Frühlingszwiebel, Chili und Brunnenkresse – ein toller Mix aus würziger Brühe, leckeren Nudeln und jeder Menge frischen Zutaten.

Für die Ramen-Suppe den Ingwer schälen und fein hacken. In einem Topf 1 TL Kokosöl erhitzen und den Ingwer darin bei schwacher Hitze anschwitzen. Sojasauce, Miso-Paste und Tahin hinzufügen und unter Rühren erhitzen. Dabei sollte sich das Miso auflösen. Wenn nötig, 1 EL Wasser hinzufügen und gut verrühren. Mit der Gemüsebrühe aufgießen und alles etwa 10 Minuten sanft köcheln lassen.

In der Zwischenzeit die Eier etwa 6 Minuten wachsweich kochen. Den Koriander waschen, trocken schütteln und grob hacken. Die Frühlingszwiebeln waschen und putzen, die Chilischoten entkernen und beides in feine Ringe schneiden. Die Brunnenkresse waschen und die Stielansätze abschneiden.

Den Mangold waschen, trocken tupfen und Blätter und Stiele in Streifen schneiden. In einer Pfanne 1 TL Kokosöl erhitzen, den Mangold darin andünsten und mit Salz würzen. Die Soba-Nudeln in die Brühe geben und 2–3 Minuten al dente kochen.

Die Soba-Nudeln mit einer Nudelzange aus der Brühe nehmen und in Schalen anrichten. Mit Brühe aufgießen und mit Mangold, halbierten Eiern, Koriander, Frühlingszwiebeln, Chili, Brunnenkresse und Sesam garnieren.

Erdnuss | Curry | Kokos | Cayennepfeffer | Koriander | Frühlingszwiebel | Minze

THAI-ERDNUSS-KOKOS-SUPPE MIT SPICY TOFU, MINZE UND KORIANDER

Für 4 Personen

FÜR DEN TOFU

400 g Tofu

2 TL Kokosöl

3 EL Sojasauce (Tamari)

1 TL Cayennepfeffer

1 TL Madras-Currypulver

1 TL rosenscharfes Paprikapulver

FÜR DIE SUPPE

2 Schalotten

30 g frischer Ingwer

2 TL Kokosöl

5 TL scharfe gelbe Currypaste

600 ml Kokosmilch

400 ml Gemüsebrühe

4 EL Erdnussmus

ZUM GARNIEREN

½ Bund Minze

1 Bund Koriandergrün

2 Frühlingszwiebeln

4 EL geröstete, gesalzene Erdnusskerne

vegan | glutenfrei | laktosefrei

Eine köstlich scharfe Suppe, die durch die Kokosmilch schön cremig wird. Die Basis ist schon superlecker, und den besonderen Kick gibt ihr Spicy Tofu. Der wird zerbröselt, scharf gewürzt, knusprig geröstet und anschließend mit einer kleinen Menge Sojasauce vermengt, dadurch bekommt er eine Textur wie Hackfleisch. Ich habe diese Suppe für Freunde zubereitet, und selbst die Fleischliebhaber waren begeistert.

Den Ofen auf 180 °C Ober-/Unterhitze vorheizen. Ein Backblech mit Backpapier belegen.

Den Tofu mit den Händen zerbröseln und in einer Schüssel mit Kokosöl, 2 EL Sojasauce, Cayennepfeffer, Currypulver und Paprikapulver mischen. Den Tofu auf das Backblech geben, gut verteilen und im Ofen etwa 35 Minuten knusprig rösten. Zwischendurch immer wieder umrühren. Den fertigen Tofu mit der restlichen Sojasauce (1 EL) vermengen.

Für die Suppe die Schalotten schälen und fein würfeln. Den Ingwer schälen und fein hacken. Das Kokosöl in einem großen Topf erhitzen, Schalotten und Ingwer darin anschwitzen. Die gelbe Currypaste hinzufügen und kurz mitrösten, dann mit Kokosmilch und Gemüsebrühe ablöschen. Alles 5 Minuten köcheln lassen, dann das Erdnussmus hinzugeben.

Für die Garnitur die Minze und den Koriander waschen. Die Minzblätter und den Koriander grob hacken. Die Frühlingszwiebeln waschen, putzen und in dünne Ringe schneiden.

Die Thai-Erdnuss-Kokos-Suppe auf Schalen aufteilen und den Spicy Tofu, Minze, Koriander und Erdnüsse dazugeben.

Kichererbse | Linse | Hokkaido | Koriander | Kreuzkümmel | Harissa | Zimt

MAROKKANISCHE KICHERERBSEN-LINSEN-SUPPE MIT KORIANDER

Für 4 Personen

FÜR DIE SUPPE

1 Schalotte, 1 Knoblauchzehe

70 g Möhren

160 g Kürbis (Hokkaido)

1 TL Kokosöl

200 g rote Linsen

1 TL Korianderkörner

1 TL gemahlener Kreuzkümmel

2 TL Madras-Currypulver (scharf)

1 TL Harissa-Pulver

½ TL gemahlener Ceylon-Zimt

½ TL Baharat (Gewürzmischung)

1 Msp. Muskatnuss

900 ml Gemüsebrühe

Salz (nach Belieben)

200 g Kichererbsen (Glas)

ZUM SERVIEREN

2 rote Chilischoten

2 Bund Koriandergrün

Kürbiskerne (siehe S. 108)

200 g Crème fraîche

glutenfrei

Für diese Suppe verwende ich marrokkanische Gewürze. Sobald ich den ersten Löffel davon esse, gibt sie mir ein Gefühl von Wärme, Gemütlichkeit und ein wenig Exotik, denn sie schmeckt leicht scharf und nach Tausendundeiner Nacht. Toll dazu ist auch ein selbst gemachter Tortillafladen (siehe S. 157), den ich mit Crème fraîche bestreiche und dann aufrolle.

Die Schalotte und den Knoblauch schälen und beides in kleine Würfel schneiden. Die Möhre waschen und fein würfeln. Den Kürbis ebenfalls waschen, Kerne und Fasern entfernen und das Kürbisfleisch in kleine Würfel schneiden. Das Kokosöl in einem großen Topf zerlassen und Möhre, Kürbis und Linsen darin bei schwacher Hitze unter Rühren wenige Minuten andünsten.

Die Korianderkörner im Mörser zerstoßen und mit Kreuzkümmel, Madras-Currypulver, Harissa, Ceylon-Zimt, Baharat und Muskatnuss zum Gemüse in den Topf geben. Kurz mit anrösten und dann mit Gemüsebrühe auffüllen. Alles bei schwacher Hitze etwa 10 Minuten köcheln lassen, bis der Kürbis und die Linsen weich sind. Die Suppe pürieren und nach Belieben mit etwas Salz abschmecken. Die Kichererbsen zur Suppe geben und erwärmen.

In der Zwischenzeit die Chilischoten entkernen und in feine Ringe schneiden. Das Koriandergrün waschen, trocken schütteln und grob hacken.

Die Suppe in tiefe Teller geben und mit Chiliringen, Kürbiskernen, Koriandergrün und je einem Klecks Crème fraîche servieren.

SALATE

Wer sich unter „Salat" nur ein paar grüne Blätter vorstellt, der sollte schnell zu den Rezepten vorblättern. Denn für mich ist ein Salat etwas ganz anderes: eine Mischung aus vielen unterschiedlichen Geschmacksrichtungen und Texturen. Da ist zunächst mal die Basis. Sie sollte gesund sein und sättigen. Dafür eignen sich Kichererbsen, Wildreis, Quinoa, Dinkel, Süßkartoffeln oder auch Buchweizen-Nudeln ganz prima. Dazu kommt dann viel Grünzeugs, jede Menge geröstetes Gemüse und eine Handvoll frische Kräuter. Damit es spannend wird, gebe ich Gewürze dazu, gern auch einen Hauch Frucht oder Süße, zum Beispiel durch Granatapfelkerne, frische Früchte, Datteln oder Ahornsirup. Knusprige Nüsse geben meinem Salat schließlich noch den richtigen Crunch. In diesem Kapitel findest du eine Auswahl meiner supergesunden Lieblingssalate, die satt und glücklich machen.

Brokkoli | Blumenkohl | Couscous | Zimt | Curry | Dattel | Granatapfel

BROKKOLI-BLUMENKOHL-SALAT MIT MANDELN, COUSCOUS UND DATTELN

Für 4 Personen

300 g Brokkoli

300 g Blumenkohl

2 EL Kokosöl

1 TL Currypulver

1 TL Harissa-Pulver

1 ½ TL Salz

100 g Couscous

2 EL Olivenöl

½ TL gemahlener Ceylon-Zimt

75 g Mandeln

25 g Pinienkerne

150 g getrocknete, entsteinte Datteln

1 Bund glatte Petersilie

½ Granatapfel

vegan | laktosefrei

Dieser Salat ist sättigend, gesund und spannend zugleich. Ich liebe die Kombination von Zimt, Couscous und Datteln mit herzhaftem Gemüse: Ein bisschen Schärfe wechselt sich bei jedem Bissen ab mit etwas Süßlichem. Mandeln und Pinienkerne sorgen für etwas Crunch, und die Granatapfelkerne sind die süß-sauren Farbtupfer obendrauf.

Den Ofen auf 180 °C Umluft vorheizen. Ein Backblech mit Backpapier belegen.

Brokkoli und Blumenkohl in sehr kleine Röschen teilen, den großen Strunk entfernen. Die Röschen waschen und trocken tupfen. In einer großen Schüssel das Kokosöl mit Currypulver, Harissa-Pulver und ½ TL Salz verrühren. Brokkoli und Blumenkohl darin wenden, bis das Gemüse rundum mit dem Gewürzöl überzogen ist. Das Gemüse auf dem Backblech verteilen und im vorgeheizten Ofen etwa 15 Minuten rösten. Herausnehmen und etwas abkühlen lassen.

In der Zwischenzeit den Couscous nach Packungsangabe garen, abkühlen lassen und mit Olivenöl, 1 TL Salz und dem Zimt würzen. Die Mandeln grob hacken und in einer Pfanne ohne Fett leicht rösten, die Pinienkerne hinzufügen und kurz mitrösten. Die Kerne ein wenig abkühlen lassen, dann mit dem gerösteten Brokkoli und Blumenkohl zum Couscous geben. Die Datteln grob hacken, die Petersilie waschen, trocken schütteln und ebenfalls grob hacken. Die Kerne aus dem Granatapfel auslösen. Datteln, Petersilie und Granatapfelkerne unter den Salat heben.

Den Brokkoli-Blumenkohl-Salat in eine große Schüssel geben und servieren.

Quinoa | Brokkoli | Mandel | Ingwer | Gurke | Frühlingszwiebel | Minze | Granatapfel

DETOX-BROKKOLISALAT

Für 4 Personen

150 g bunte Quinoa

250 g Brokkoli

50 g geröstete, gesalzene Cashewkerne

50 g Mandeln

30 g Walnusskerne

80 g Kernmischung (z. B. Sonnenblumenkerne, Kürbiskerne, Pinienkerne)

100 g Bio-Salatgurke

2 Frühlingszwiebeln

30 g frischer Ingwer

½ Bund glatte Petersilie

½ Bund Minze

Saft und Schale von 1 Bio-Zitrone

½ Granatapfel

1 ½ TL Meersalz

vegan | glutenfrei | laktosefrei

Dieser Salat ist einfach eine Wucht, ein absoluter Powerspender. Wenn ich mich nicht so fit fühle oder in einem Energietief stecke, mache ich diesen Salat, und bald fühle mich wieder richtig energiegeladen. Der Salat ist so knackig, würzig, frisch und nussig, dass er echt süchtig macht. Man kann ihn solo essen oder zum Beispiel mit gebratenem Halloumi oder Tofu. Auch Feta passt hervorragend dazu.

Die Quinoa waschen und nach Packungsanweisung garen. In der Zwischenzeit den Brokkoli waschen, trocken tupfen, dann Röschen und Strunk sehr fein hacken. Unter die Quinoa mischen.

Cashewkerne, Mandeln und Walnüsse grob hacken und in einer Pfanne ohne Fett rösten. Kurz abkühlen lassen, dann mit der Kernmischung unter den Quinoasalat heben. Die Gurke waschen und mit der Schale sehr fein würfeln. Die Frühlingszwiebeln waschen, putzen und in feine Ringe schneiden. Den Ingwer schälen und fein reiben. Gurkenwürfel, Frühlingszwiebeln und Ingwer unter den Salat heben.

Die Petersilie und Minze waschen, die Minzblättchen abzupfen. Die Petersilie samt Stiel und die Minzblättchen fein hacken. Die Kräuter, Zitronensaft und -schale zum Quinoasalat geben und gut vermischen.

Die Kerne des Granatapfels auslösen und ebenfalls zum Salat geben. Den Detox-Brokkolisalat nach Belieben mit Meersalz würzen.

Gurken | Kichererbse | Cayennepfeffer | Feta | Dill | Minze | Limette

GURKENSALAT

Für 4 Personen

1 TL Kokosöl

200 g Kichererbsen (Glas)

1 EL Sojasauce

¼ TL Cayennepfeffer

1 kg gemischte Bio-Gurken (Landgurken, kleine Gurken, Salatgurken)

70 g Joghurt

1 TL Salz

Saft und abgeriebene Schale von 1 Bio-Limette

frisch gemahlener schwarzer Pfeffer

½ Bund Dill

½ Bund Minze

1 EL Senfsamen

150 g Feta

glutenfrei

Ein knackiger Gurkensalat ist eine feine Sache. Man braucht nur wenige Zutaten, und schon hat man eine erfrischende Beilage. Mit Halloumi oder Falafeln wird daraus eine vollwertige Mahlzeit. Diesem Salat geben Dill, Minze und Limette sein Aroma. Reichhaltig wird der Gurkensalat durch die würzigen, leicht scharfen Kichererbsen und den kräftigen Feta.

Das Kokosöl in einer Pfanne erhitzen und die Kichererbsen darin von allen Seiten anschwitzen. Die Sojasauce hinzufügen und unter gelegentlichem Rühren bei mittlerer Hitze einköcheln lassen. Kichererbsen mit Cayennepfeffer würzen und abkühlen lassen.

In der Zwischenzeit die Gurken waschen, trocken tupfen und ungeschält in dünne Scheiben schneiden. Den Joghurt in eine große Schüssel geben und mit Salz, Limettensaft und -schale sowie etwas Pfeffer abschmecken.

Dill und Minze waschen und trocken schütteln, die Minzblätter von den Stielen abzupfen. Die Kräuter fein hacken. Kräuter, Gurkenscheiben und Kichererbsen zum Joghurt geben.

Die Senfsamen im Mörser grob zerstoßen, den Feta mit den Händen zerkrümeln. Den Gurkensalat in einer großen Schale anrichten, die Senfsamen darüberstreuen, den Feta über den Salat geben und servieren.

WILDREIS MIT FRÜCHTEN, ZWETSCHGEN-LAKRITZ-DRESSING UND NUSSCREME

Für 4 Personen

FÜR DEN SALAT

200 g Wildreis

1 EL Olivenöl

¼ TL Meersalz

400 g Zwetschgen

1 ½ TL salziger Lakritzsirup

200 g Baby-Spinat und kleine Mangoldblättchen

4 EL Walnusskerne

FÜR DAS DRESSING

60 g Brombeeren

60 g Heidelbeeren

¼ TL Meersalz

FÜR DIE HASELNUSSCREME

80 g Haselnusskerne

½ TL gemahlener Ceylon-Zimt

2 TL Kokosöl

2 EL Joghurt

ZUM GARNIEREN

2 EL essbare Blüten

1 Handvoll Brombeeren

glutenfrei

Ein fruchtig-nussiger Salat auf Wildreis-Basis, der durch das Zwetschgen-Lakritz-Dressing etwas ganz Besonderes wird. Man kann ihn natürlich als Beilage servieren. Aber mit seinen außergewöhnlichen Aromen hat er eine Hauptrolle durchaus verdient. Dann machen sich in den Nebenrollen Feta oder gebratener Halloumi gut.

Den Ofen auf 180 °C Ober-/Unterhitze vorheizen. Ein Backblech mit Backpapier belegen.

Den Wildreis nach Packungsanweisung bissfest garen, dann in einem Sieb abtropfen lassen. In eine große Schüssel geben und mit Olivenöl und Salz würzen.

Die Zwetschgen halbieren, entsteinen, mit 1 TL Lakritzsirup vermengen und auf das Backblech geben. Im vorgeheizten Ofen etwa 10 Minuten rösten. In der Zwischenzeit den Baby-Spinat und die Mangoldblättchen waschen, trocken schleudern und zum Wildreis geben.

Die Walnüsse in einer Pfanne ohne Fett rösten, ½ TL Lakritzsirup hinzugeben und karamellisieren. Abkühlen lassen und zum Wildreis geben.

80 g von den gerösteten Zwetschgen für das Dressing beiseitestellen, die restlichen Zwetschgen zum Wildreis geben.

Für das Dressing Brombeeren, Heidelbeeren, die beiseitegestellten Zwetschgen, Meersalz und 2 EL Wasser in ein hohes Gefäß geben und mit dem Stabmixer zu einem Dressing mixen.

Die Haselnüsse in einer Pfanne ohne Fett rösten, dann mit Zimt und Kokosöl in einem Hochleistungsmixer zu einem Haselnussmus mahlen. Mit dem Joghurt vermengen.

Den Wildreis mit dem Dressing beträufeln, mit den essbaren Blüten und den Brombeeren dekorieren und mit der Haselnusscreme servieren.

Tomate | Dinkel | Dill | Minze | Miso | Tahin | Ahornsirup

TOMATEN MIT DINKELSALAT UND MISO-TAHIN-DRESSING

Für 4 Personen

200 g Dinkel

2 TL Olivenöl

1 Bund Dill

1 Bund Minze

600 g bunte Tomaten (verschiedene Sorten)

½ Bio-Salatgurke

FÜR DAS DRESSING

2 TL Miso-Paste (Hatcho Miso)

4 TL Tahin

6 EL Sojasauce (Tamari)

4 TL Ahornsirup

4 TL Nussmilch

vegan | laktosefrei

Ich finde es großartig, dass es mittlerweile wieder so viele verschiedene Sorten von Tomaten gibt. Diesen Salat mache ich gern im Hochsommer, zu ihrer Haupterntezeit. Kunterbunte Tomaten werden durch einen Dinkelsalat mit Dill und Minze, Gurke und ein würziges Miso-Tahin-Dressing aufgepeppt. Ganz einfach – und so richtig schön sommerlich.

Den Dinkel in der doppelten Menge Salzwasser etwa 10 Minuten kochen. Anschließend in einem Sieb abtropfen lassen, in eine Schüssel geben und das Olivenöl unterrühren. Dill und Minze waschen, trocken schütteln und die Minzeblätter von den Stielen zupfen. Die Kräuter fein hacken und unter den Dinkel heben.

Für das Dressing die Misopaste in 4 EL kochendem Wasser auflösen. Zusammen mit Tahin, Sojasauce, Ahornsirup und Nussmilch zu einem glatten Dressing rühren.

Die Tomaten waschen und dünn aufschneiden. Die Gurke waschen und in dünne Scheiben hobeln.

Den Dinkel auf einem großen Teller anrichten. Die Tomaten- und Gurkenscheiben daraufgeben und den Salat mit dem Dressing beträufeln.

Quinoa | Kichererbse | Baby-Spinat | Orange | Grapefruit | Haselnuss | Halloumi | Koriander

KICHERERBSEN-QUINOA-SALAT MIT HALLOUMI

Für 4 Personen

150 g bunte Quinoa
2 TL Kokosöl
200 g Kichererbsen (Glas)
1 EL Sojasauce (Tamari)
¼ TL Cayennepfeffer
50 g Baby-Spinat
½ TL Meersalz
1 Orange
1 Grapefruit
1 Bund Koriandergrün
½ Bund glatte Petersilie
1 Frühlingszwiebel
4 EL Granatapfelkerne
1 TL Honig
1 Msp. gemahlener Kreuzkümmel
¼ TL frisch gemahlener Pfeffer
225 g Halloumi
Saft von 1 Limette

FÜR DIE NUSSCREME

150 g Haselnusskerne
1–2 EL Joghurt

glutenfrei

Einer meiner liebsten Salate. Er hat das Wort „Aromenfeuerwerk" wirklich verdient: nussige Quinoa, salzig-scharfe Kichererbsen, dazu die Frische von Koriander, Petersilie und Baby-Spinat, die fruchtige Säure von Orange, Grapefruit und Granatapfel, köstlicher Crunch von karamellisierten Haselnüssen ... Gebratener Halloumi, Mandelmus und Limette runden das Feuerwerk ab. Dieser Salat macht glücklich. Probier ihn aus. Unbedingt.

Die Quinoa abspülen und nach Packungsanweisung al dente garen, dann in ein Sieb geben und abtropfen lassen. In einer Pfanne 1 TL Kokosöl erhitzen und die Kichererbsen darin andünsten. Mit Sojasauce ablöschen, mit dem Cayennepfeffer würzen und unter Rühren die Flüssigkeit reduzieren. Kichererbsen und Quinoa in eine große Schüssel geben.

Den Baybspinat waschen und trocken schleudern. In einer Pfanne 1 TL Kokosöl erhitzen und den Spinat darin zusammenfallen lassen. Mit ¼ TL Meersalz würzen und zur Quinoa geben. Die Orange und die Grapefruit schälen und filetieren. Die Filets in kleine Stücke schneiden und ebenfalls zur Quinoa geben.

Koriander und Petersilie waschen, trocken schütteln und fein hacken. Die Frühlingszwiebel waschen, putzen und in feine Ringe schneiden. Frühlingszwiebel und Granatapfelkerne unter den Salat heben.

Für die Nusscreme die Haselnüsse in einer Pfanne ohne Fett rösten. 100 g davon im Hochleistungsmixer zu einem Nussmus mahlen und mit dem Joghurt glatt rühren.

Die restlichen Nüsse (50 g) in der Pfanne mit dem Honig karamellisieren. Mit Kreuzkümmel und Pfeffer würzen und ebenfalls zum Salat geben. Den Kichererbsen-Quinoa-Salat mit ¼ TL Salz würzen.

Den Halloumi in Scheiben schneiden, die Scheiben vierteln und in einer Pfanne bei schwacher Hitze von beiden Seiten goldgelb braten.

Den Kichererbsen-Quinoa-Salat auf Teller geben und den warmen Halloumi darauf anrichten. Den Salat mit Limettensaft beträufeln und dazu die Nusscreme reichen.

Süßkartoffel | Wildreis | Rosenkohl | Dattel | Petersilie | Kerne | Zimt

SÜSSKARTOFFEL-ROSENKOHL-SALAT

Für 4 Personen

FÜR DAS RÖSTGEMÜSE

400 g Süßkartoffeln
3 TL Kokosöl
¼ TL Cayennepfeffer
¼ TL gemahlener Ceylon-Zimt
2 EL Ahornsirup, ½ TL Meersalz
400 g Rosenkohl
1 TL gemahlener Kreuzkümmel
1 TL Sesam, ½ TL Meersalz
200 g Kichererbsen (Glas)
2 TL Sojasauce (Tamari)

FÜR DEN SALAT

200 g Wildreis
1 TL Kokosöl
½ TL Meersalz
30 g Pinienkerne
30 g geröstete, gesalzene Erdnusskerne
20 g Sonnenblumenkerne
20 g Kürbiskerne
120 g getrocknete, entsteinte Datteln
1 Bund glatte Petersilie

vegan | glutenfrei | laktosefrei

Dieser Salat ist ein wahres Herbst-Kraftpaket. Rosenkohl ist nicht jedermanns Sache, aber im Ofen geröstet und kräftig mit Kreuzkümmel gewürzt, bekommt er eine nussig-würzige Note. Der Salat ist eine gelungene Kombination von Aromen und Texturen: Er ist scharf, süß, frisch, knackig, nussig und cremig zugleich. Ich mag ihn am liebsten lauwarm, doch man kann ihn natürlich auch kalt essen.

Den Ofen auf 180 °C Ober-/Unterhitze vorheizen. Zwei Backbleche mit Backpapier belegen.

Für das Röstgemüse die Süßkartoffeln schälen und in kleine Würfel schneiden. In einer Schüssel 1 TL Kokosöl mit Cayennepfeffer, Zimt, Ahornsirup und Meersalz verrühren, die Würfel hinzugeben und darin wenden, bis sie rundherum mit den Gewürzen überzogen sind. Die Süßkartoffelwürfel auf ein Backblech geben.

Den Rosenkohl putzen und die Köpfchen längs halbieren. In einer Schüssel 2 TL Kokosöl mit Kreuzkümmel, Sesam und Meersalz verrühren, den Rosenkohl darin wenden und zu den Süßkartoffeln auf das Backblech geben.

Die Kichererbsen in der Sojasauce marinieren und auf das zweite Backblech geben. Süßkartoffeln, Rosenkohl und Kichererbsen im Ofen etwa 25 Minuten garen. Herausnehmen und etwas abkühlen lassen.

Währenddessen den Wildreis nach Packungsanweisung bissfest garen, in ein Sieb geben und abtropfen lassen. Das Kokosöl in einem Topf zerlassen und den Wildreis darin einige Minuten unter Rühren anrösten. Mit Meersalz würzen. Pinienkerne, Erdnüsse, Sonnenblumenkerne und Kürbiskerne hinzufügen und ebenfalls kurz mitrösten.

Den Wildreis in eine Schüssel geben und etwas abkühlen lassen. Die Datteln fein hacken. Die Petersilie waschen, trocken schütteln und ebenfalls fein hacken. Beides zum Wildreis geben.

Die Süßkartoffelwürfel, Rosenkohl und Kichererbsen unter den Wildreis heben und den Salat lauwarm servieren.

WILDREISSALAT MIT DICKEN BOHNEN, ZUCCHINI, PILZEN UND TAHIN-DRESSING

Für 4 Personen

FÜR DEN SALAT

200 g Wildreis

200 g Zucchini

2 TL Kokosöl

140 g dicke Bohnen (Dose)

2 TL schwarzer Sesam

¼ TL Meersalz

260 g gemischte Pilze

1 TL schwarze Bohnenpaste

1 EL Sojasauce (Tamari)

60 g Zuckerschoten

1 EL Olivenöl

¼ TL Meersalz

FÜR DAS DRESSING

4 TL Tahin

4 TL Sojasauce (Tamari)

4 TL Mandeldrink (siehe S. 13)

ZUM SERVIEREN

4 EL Granatapfelkerne

6 EL Rucolakeimlinge

vegan | laktosefrei

Ich liebe Wildreis, denn er ist so schön nussig und hat einen tollen Biss. Zudem ist er voller gesunder Nährstoffe. Man kann ihn mit Vollkornreis mischen, aber ich esse diesen kernigen Reis gern pur. Mit grünen dicken Bohnen, Zucchini, Pilzen, Zuckerschoten, Rucolakeimlingen und Granatapfel wird er zu einem bunten Vergnügen.

Den Wildreis nach Packungsanweisung bissfest garen, in ein Sieb geben und abtropfen lassen. Die Zucchini waschen und in Würfel schneiden. In einer Pfanne 1 TL Kokosöl erhitzen und die Zucchini darin andünsten, dann herausnehmen. Nun die dicken Bohnen in die Pfanne geben und unter Rühren erwärmen. Den Sesam hinzufügen und mit Meersalz würzen. Die Bohnen zu den Zucchini geben und das Gemüse warm halten.

Die Pilze gründlich putzen, in Scheiben schneiden oder vierteln. In einer Pfanne 1 TL Kokosöl erhitzen und die Pilze darin anbraten. Die Bohnenpaste hinzufügen, umrühren und mit Sojasauce ablöschen. Warm halten. Die Zuckerschoten waschen, trocken tupfen und in Streifen schneiden.

Für das Dressing Tahin, Sojasauce und Mandeldrink verrühren.

Den Wildreis mit Olivenöl und Meersalz abschmecken. Zucchini, dicke Bohnen, Pilze und Zuckerschoten unter den Wildreis heben.

Die Kerne des Granatapfels auslösen. Den Wildreis auf Schalen verteilen, mit Rucolakeimlingen und Granatapfelkernen garnieren und mit dem Dressing servieren.

LI-TAI-PE

SOBA-NUDELSALAT MIT INGWER-TAHIN-DRESSING

Für 4 Personen

FÜR DAS DRESSING

60 g frischer Ingwer

5 EL Tahin

2 EL Sojasauce (Tamari)

180 ml Kokosmilch

FÜR DEN SALAT

200 g Möhren

4 Frühlingszwiebeln

300 g bunter Mangold

1 TL Kokosöl

¼ TL Meersalz

400 g Soba-Nudeln (100 % Buchweizen)

200 ml Sojasauce (Tamari)

ZUM GARNIEREN

abgeriebene Schale von 4 Bio-Limetten

4 EL geröstete, gesalzene Erdnusskerne

4 EL Kokosraspeln

4 EL schwarzer Sesam

vegan | laktosefrei

Dieser Nudelsalat macht süchtig. Durch das Ingwer-Tahin-Dressing wird der Salat sehr cremig und reichhaltig, rohe Möhren, Frühlingszwiebeln, Mangold und Limette verleihen ihm Frische. Erdnüsse und schwarzer Sesam geben dem Nudelsalat den von mir heiß geliebten Crunch.

Für das Dressing den Ingwer schälen und fein hacken. Mit Tahin, Sojasauce und Kokosmilch in ein hohes Gefäß geben und mit dem Stabmixer zu einer Sauce mixen.

Für den Salat die Möhren gründlich waschen und in sehr feine Streifen schneiden oder raspeln. Die Frühlingszwiebeln waschen, putzen und in feine Ringe schneiden. Den Mangold waschen, trocken schleudern und die Blätter in feine Streifen, die Stiele in feine Scheibchen schneiden. In einer Pfanne das Kokosöl erhitzen und den Mangold bei schwacher Hitze kurz darin andünsten. Mit etwas Salz würzen.

Für die Soba-Nudeln 1,5 l Wasser mit der Sojasauce zum Kochen bringen und die Nudeln darin 2–3 Minuten al dente kochen. Die Nudeln anschließend kurz kalt abbrausen, dann abtropfen lassen und sofort mit der Hälfte des Dressings vermengen.

Die Nudeln auf Teller verteilen, mit dem restlichen Dressing beträufeln und mit Möhren, Frühlingszwiebeln und Mangold anrichten. Mit Limettenschale, Erdnüssen, Kokosraspeln und schwarzem Sesam garnieren und genießen.

HAUPTGERICHTE

Tortillas, Crêpes, Naan-Brot, Pizza, Socca, Frühlingsrollen, Salad Wraps, Eintöpfe und Bowls … in diesem Kapitel versammeln sich jede Menge köstlicher gesunder Hauptgerichte. Sie alle haben Soulfood-Potenzial und sind dazu noch gesund, denn auch hier verzichte ich komplett auf Weißmehl und raffinierten Zucker. Dabei ist „verzichten" eigentlich das falsche Wort, denn geschmacklich stehen meine Rezepte den Klassikern aus der Kategorie Pizza & Co in nichts nach. Im Gegenteil: Buchweizen, Dinkel und Kichererbsen sind würzige und gesunde Alternativen, mit denen man ganz wunderbar Pizza, Pasta und Tortilla machen kann, die oft noch einen Hauch knuspriger und krosser sind als das Weißmehl-Original. Wie bei all meinen Gerichten vereinen sich hier verschiedenste Aromen und Texturen zu köstlichen Gerichten: Knackfrisches trifft auf Knuspriges, Süßes und Herzhaftes – so macht gesund essen Spaß.

TACOS MIT PULLED JACKFRUIT, QUICK PICKLES UND TOMATEN-SALSA

Für 4 Personen

FÜR DIE TORTILLAS

130 g Dinkelvollkornmehl

90 g Dinkelmehl (Type 650)

1 TL Backpulver

½ TL Meersalz

2 TL Currypulver

1 TL Kurkumapulver

4 EL Sonnenblumenöl

FÜR DIE PULLED JACKFRUIT

2 EL Sonnenblumenöl

¼ TL Cayennepfeffer

1 TL gemahlener Kreuzkümmel

½ TL Meersalz

200 g Jackfruit-Stücke (Packung)

1 Schalotte

1 Knoblauchzehe

1 TL Kokosöl

2 EL Sojasauce (Tamari)

100 g stückige Tomaten (Dose)

½ TL gemörserte Korianderkörner

3 EL Kidneybohnen (Dose)

Tortillas selber zu machen, ist ganz easy. Man braucht nur wenige Zutaten, brät sie einige Sekunden in der Pfanne und schon hat man die köstlichste Basis für einen Taco, die man sich vorstellen kann. Mach doch mal eine Taco-Party, lade Freunde ein und kombiniere dieses Rezept mit den Tacos mit Avocadocreme und Pulled Mushrooms (siehe S. 160). Stell einfach alles auf den Tisch, und jeder nimmt sich, was er mag – ein kommunikatives Essen.

Für den Tortillateig beide Mehlsorten mit Backpulver, Meersalz, Currypulver und Kurkuma mischen. Mit Sonnenblumenöl und 110 ml Wasser zu einem glatten Teig kneten. Den Teig zu einer Kugel formen, in zwei Teile teilen und diese jeweils zu einer etwa 30 cm langen Rolle formen. Jede Rolle in 10 gleich große Teigkugeln teilen.

Für die Pulled Jackfruit das Öl mit Cayennepfeffer, Kreuzkümmel und Meersalz verrühren und die Jackfruit-Stücke darin etwa 5 Minuten marinieren. Schalotte und Knoblauch schälen und fein hacken. In einer Pfanne das Kokosöl erhitzen und Schalotte und Knoblauch darin andünsten. Die marinierte Jackfruit hinzugeben, kurz mitrösten und dann mit Sojasauce ablöschen. Die stückigen Tomaten, Koriander und Kidneybohnen hinzufügen und alles 4–5 Minuten sanft köcheln lassen.

Weiter geht's auf der nächsten Seite.

FÜR DIE SALSA

130 g Tomaten

½ Bund glatte Petersilie

1 TL Olivenöl

¼ TL Meersalz

ZUM GARNIEREN

½ Bund glatte Petersilie

1 Avocado

Quick Pickles (Zwiebeln und Radieschen, siehe S. 102)

Saft von 1 Zitrone

vegan | laktosefrei

Für die Salsa die Tomaten waschen und in kleine Würfel schneiden. Die Petersilie waschen, trocken schütteln und fein hacken. Tomaten mit Petersilie, Olivenöl und Salz zu einer Salsa mischen.

Nun die Tortilla zubereiten. Dazu eine Teigkugel auf einer leicht bemehlten Fläche dünn ausrollen. Eine Pfanne erhitzen und die Tortilla darin ohne Öl von beiden Seiten wenige Sekunden braten. Herausnehmen und im Ofen warm halten. Die restlichen Tortillas ebenso zubereiten.

Währenddessen die Zutaten für die Garnierung vorbereiten: Die Petersilie waschen, trocken schütteln und grob hacken. Die Avocado halbieren, den Kern entfernen, das Fruchtfleisch in Scheiben schneiden und mit einem Löffel aus der Schale lösen.

Die Tortillas mit Jackfruit, Salsa, Avocado, Petersilie und Quick Pickles füllen, mit Zitronensaft beträufeln ... und die Tacos genießen.

Curry | Kurkuma | Kräuterseitling | Avocado | Mangold | Koriander | Zitrone

TACOS MIT AVOCADOCREME, PULLED MUSHROOMS UND SALSA

Für 4 Personen

20 Tortillas (siehe S. 157)

FÜR DIE SALSA

150 g Ananas

2 grüne Chilischoten

1 Bund Koriandergrün

1 EL Olivenöl, ¼ TL Meersalz

FÜR DEN BELAG

250 g Mangold

2 TL Kokosöl

½ TL Meersalz

250 g Kräuterseitlinge

1 TL Kokosöl

1 EL Sojasauce (Tamari)

FÜR DIE AVOCADOCREME

2 Avocados

Saft von 1 Bio-Zitrone

1 TL Meersalz

ZUM GARNIEREN

Zesten von 1 Bio-Zitrone

4 EL Granatapfelkerne

vegan | laktosefrei

Tacos sind für mich der Inbegriff von Soulfood. Man kann sie ganz nach Lust und Laune füllen. Hier habe ich eine Füllung kreiert, die sogar hartnäckige Fleischesser überzeugt: Die Kräuterseitlinge werden mit einer Gabel zerzupft, gebraten und dann mit Sojasauce karamellisiert. Und die Ananas-Salsa dazu ist einfach köstlich.

Für die Salsa die Ananas schälen und fein würfeln. Chilis entkernen und fein hacken. Den Koriander waschen, trocken schütteln und fein hacken. Ananas, Chilis, Koriander, Olivenöl und Salz zu einer Salsa mischen.

Den Mangold waschen, trocken tupfen, die Stiele in dünne Scheiben und die Blätter in Streifen schneiden. In einer Pfanne 1 TL Kokosöl erhitzen und den Mangold einige Minuten darin rösten, dann mit etwas Meersalz würzen.

Die Kräuterseitlinge putzen und mit einer Gabel zerrupfen, sodass lange dünne Fasern entstehen. In einer Pfanne 1 TL Kokosöl erhitzen und die Pilze darin bei hoher Hitze anbraten, bis sie schön goldgelb sind. Mit der Sojasauce karamellisieren.

Für die Avocadocreme die Avocados halbieren, den Kern entfernen und das Fruchtfleisch mit Zitronensaft und Meersalz zu einer Creme mixen.

Die Tortillas auf Teller verteilen und mit der Avocadocreme bestreichen. Den Mangold und die Pilze daraufgeben. Die Ananas-Koriander-Salsa auf den Tacos verteilen und alles mit Zitronenzesten und Granatapfelkernen garnieren.

Spinat | Kreuzkümmel | weiße Bohne | Dukkah | Pilze | Cashew

SPINAT-CRÊPES MIT BOHNENPÜREE, PILZEN, ZWIEBELN UND KRESSE

Für 4 Personen

FÜR DIE SPINAT-CRÊPES

100 g Baby-Spinat

640 ml Mandeldrink (siehe S. 13)

220 g Buchweizenmehl

180 g Kichererbsenmehl

2 TL gemahlener Kreuzkümmel

2 TL Meersalz, 4 Eier (Größe S)

6 EL Sonnenblumenöl

FÜR DAS BOHNENPÜREE

270 g weiße Bohnen (Dose)

40 ml Olivenöl, ½ TL Meersalz

FÜR DIE FÜLLUNG

2 rote Zwiebeln

350 g braune Champignons

2 TL Kokosöl

2 TL Sojasauce (Tamari)

1 Handvoll Baby-Mangold

¼ Bund Kerbel, 4 EL Kresse

4 TL Cashewmus (siehe S. 204)

10 TL Mandeldrink (siehe S. 13)

Dukkah (siehe S. 40)

glutenfrei | laktosefrei

Herzhafte Crêpes, die köstlich nach Spinat und Kreuzkümmel schmecken. Sie sind so lecker, dass ich sie auch pur essen könnte. Doch gefüllt mit weißem Bohnenpüree, Zwiebeln, Pilzen, Kräutern und Kresse sind sie einfach unschlagbar. Cashewcreme und Dukkah runden mit ihrem nussig-würzigen Geschmack die gesunden Crêpes ab.

Für die Spinat-Crêpes den Spinat waschen, trocken schleudern und hacken. Mit dem Mandeldrink pürieren. In einer Schüssel Buchweizenmehl, Kichererbsenmehl, Kreuzkümmel und Meersalz mischen. Die Spinatmilch dazugeben und verrühren. Die Eier unterrühren, 4 EL Sonnenblumenöl hinzugeben und alles gut vermischen.

Aus dem Teig in einer Pfanne nacheinander 8 Crêpes 1–2 Minuten von beiden Seiten ausbacken. Die fertigen Crêpes im Ofen warm halten.

Währenddessen für das Bohnenpüree die weißen Bohnen mit Olivenöl, Meersalz und 20 ml Wasser zu einer glatten Creme mixen.

Für die Füllung die Zwiebeln schälen und vierteln. Die Champignons putzen, je nach Größe vierteln oder sechsteln. In einer Pfanne 1 TL Kokosöl erhitzen und die Zwiebeln darin andünsten, herausnehmen und warm halten. Das restliche Kokosöl (1 TL) erhitzen und die Champignons darin kurz anbraten, dann mit der Sojasauce ablöschen und karamellisieren. Baby-Mangold und Kerbel waschen und trocken schütteln, die Kerbelblättchen abzupfen. Die Kresse kurz abspülen. Das Cashewmus mit dem Mandeldrink zu einer glatten Creme rühren.

Die Spinat-Crêpes auf Teller geben und mit Bohnenpüree, Zwiebeln, Pilzen, Baby-Mangold, Kerbel, Kresse und Dukkah füllen. Mit der Cashewcreme beträufeln und genießen.

TIPP

Manchmal haften Crêpes auch in beschichteten Pfannen und lassen sich nicht gut wenden. Mein Trick: Ich streiche die Pfanne dünn mit Öl aus und lege auf den Boden ein Stück Backpapier. Darauf backe ich dann die Crêpes – und es klebt garantiert nichts mehr an!

NAAN MIT SCHARFEN KICHERERBSEN, PILZEN UND MANGOLD

Für 4 Personen

FÜR DAS PETERSILIEN-KNOBLAUCH-ÖL

1 Bund glatte Petersilie

4 Knoblauchzehen

8 EL Olivenöl

FÜR DAS NAAN

350 g Dinkelvollkornmehl

1 TL Backpulver, 1 TL Natron

1 ½ TL Meersalz

200 g Kokosmilchjoghurt

80 ml Mandeldrink (siehe S. 13)

FÜR DEN BELAG

2 TL Kokosöl

400 g Kichererbsen (Glas)

¼ TL Cayennepfeffer

2 EL Sojasauce (Tamari)

200 g Shiitake

200 g Mangold

2 Bund glatte Petersilie

¼ TL Meersalz

200 g Feta

4 EL Dukkah (siehe S. 40)

Kokosmilchjoghurt (wahlweise Crème fraîche, nach Belieben)

Ich habe eine Schwäche für das indische Brot Naan. Oft backe ich es mit Dinkelvollkornmehl. Beträufelt mit Petersilien-Knoblauch-Öl, wird daraus eine absolute Köstlichkeit. Ich habe es in dieser Variante mit gerösteten Pilzen, Kichererbsen, viel Petersilie und Mangold belegt ... Soulfood!

Für das Petersilien-Knoblauch-Öl die Petersilie waschen, trocken schütteln und fein hacken. Den Knoblauch schälen und ebenfalls fein hacken. Die Petersilie mit Knoblauch und Olivenöl vermischen.

Für das Naan in einer Schüssel das Mehl mit Backpulver, Natron und Meersalz vermischen. Den Joghurt einarbeiten und 40 ml Mandeldrink hinzufügen. Zu einem Teig kneten.

Den Teig in 8 Stücke teilen und die Stücke zu Kugeln formen. Auf einer leicht bemehlten Arbeitsplatte eine Teigkugel zu einem ½ cm dünnen Fladen ausrollen. Eine Pfanne ohne Fett erhitzen und den Fladen darin von beiden Seiten braten. Das dauert nur wenige Momente. Kurz bevor das Naan fertig ist, etwas vom Petersilien-Knoblauch-Öl dazugeben. Mit dem restlichen Teig genauso verfahren. Die fertigen Naan-Brote auf einen Teller geben und im Backofen warm halten.

Für den Belag 1 TL Kokosöl in einer Pfanne erhitzen und die Kichererbsen darin andünsten. Mit Cayennepfeffer würzen und mit Sojasauce ablöschen, dann herausnehmen und beiseitestellen. Die Shiitake putzen. Den Mangold waschen, trocken tupfen und die Blätter von den Stielen trennen. Beides in feine Streifen schneiden. Das restliche Kokosöl (1 TL) in der Pfanne erhitzen und die Pilze darin anbraten, den Mangold hinzugeben und mitdünsten. Die Petersilie waschen, trocken schütteln und fein hacken. Ebenfalls in die Pfanne geben und kurz mitrösten. Das Gemüse mit dem Meersalz würzen.

Die Naan-Brote auf Tellern mit den Kichererbsen und dem Pilz-Mangold-Gemüse anrichten. Mit Petersilien-Knoblauch-Öl beträufeln, den Feta darüberbröseln und die Brote mit Dukkah bestreuen. Wer mag, kann dazu noch Kokosmilchjoghurt oder Crème fraîche servieren.

Der Stockschwamm,
Agaricus (Pholiota) mutabilis Schaeff.
Eßbar.

Kartoffel | Cayennepfeffer | Avocado | Apfel | Kresse | schwarzer Sesam | Zitrone

PLATTE GERÖSTETE KARTOFFELN MIT APFEL, KRESSE UND AVOCADO

Für 4 Personen

FÜR DIE KARTOFFELN

1 kg festkochende Kartoffeln

30 ml Olivenöl

½ TL Cayennepfeffer

½ TL rosenscharfes Paprikapulver (wahlweise geräuchertes Paprikapulver)

½ TL Meersalz

Pfeffer

ZUM SERVIEREN

1 Apfel

2 Avocados

2 Zitronen

2 Bund Koriandergrün

200 g Kichererbsen (Glas)

schwarzer Sesam

Kresse

vegan | glutenfrei | laktosefrei

Ich habe diese gerösteten Kartoffeln vor einiger Zeit entdeckt, und seither sind sie mein Kartoffel-Leibgericht. Ich mag Kartoffeln, esse sie aber eher selten, und dann am liebsten geröstet. Diese platten Kartoffeln sind eine Offenbarung für mich: Sie sind superkross, haben noch einen leicht weichen Kern und schmecken großartig in Kombination mit Avocado, Koriander, Apfel, Kichererbsen und Limette. Ich werde dieses Gericht wieder und wieder zubereiten.

Die Kartoffeln putzen und mit der Schale in Salzwasser etwa 30 Minuten garen, je nach Größe. Abgießen und einige Minuten auskühlen lassen.

Den Ofen auf 200 °C Ober-/Unterhitze vorheizen. Ein Backblech mit Backpapier belegen.

Das Olivenöl in einer großen Schüssel mit Cayennepfeffer, Paprika, Meersalz und etwas Pfeffer verrühren und die Kartoffeln darin wenden, bis sie rundum von Würzöl überzogen sind. Herausheben und mit Abstand zueinander auf das Backblech legen und mit einem weiteren Backpapier abdecken. Die Kartoffeln zerdrücken, bis sie nur noch etwa 2 cm dick sind – das geht am besten mit einem Topf. Dann mit dem in der Schüssel verbliebenen Würzöl bepinseln und im Ofen etwa 20–30 Minuten rösten, bis sie richtig schön kross sind.

In der Zwischenzeit den Apfel vierteln, entkernen und in dünne Scheiben schneiden. Die Avocados halbieren, den Kern entfernen und das Fruchtfleisch in dünne Scheiben schneiden. Mit etwas Zitronensaft beträufeln und mit einem Löffel herauslösen. Den Koriander waschen, trocken schütteln und grob hacken. Die Kichererbsen abtropfen lassen.

Die platten Kartoffeln auf Tellern anrichten und mit Apfelscheiben, Avocado, Koriander, Kichererbsen, Sesam und Kresse belegen.

TIPP

Mindestens genauso lecker schmecken die Kartoffeln mit einer Creme oder Sauce, gut dazu passen zum Beispiel Hummus (siehe S. 97) oder Curry-Tahin-Sauce (siehe S. 169).

Mangold | Dinkel | Rosine | Petersilie | Dattel | Erdnuss | Tahin | Curry | Cayennepfeffer

MANGOLDPÄCKCHEN MIT CURRY-TAHIN-SAUCE

Für 4 Personen

FÜR DIE PÄCKCHEN

12 große (bunte) Mangoldblätter

3 TL Kokosöl, ¼ TL Meersalz

FÜR DIE FÜLLUNG

250 g Dinkel

1 Bund glatte Petersilie

2 grüne Chilischoten

je 100 g getrocknete, entsteinte Datteln und Rosinen

80 g geröstete, gesalzene Erdnusskerne

40 g Salzmandeln (siehe S. 198)

2 EL Olivenöl

je ½ TL Cayennepfeffer und Meersalz

FÜR DIE SAUCE

1 TL Tahin, 5 TL Kokosmilchjoghurt

4 TL Mandeldrink (siehe S. 13)

je ¼ TL Cayennepfeffer, Madras-Currypulver, Kurkumapulver und Meersalz

AUSSERDEM

Küchengarn

vegan | laktosefrei

Leckerer Mangold, herbstlich gefüllt mit jeder Menge Nüssen, Trockenfrüchten und Kräutern, dazu diese leicht scharfe Curry-Tahin-Sauce ... ein leichtes Gericht, das wunderbar in den Herbst passt. Die bunte Füllung ist fast zu schade, um sie in Päckchen zu verschließen. Aber die Mangoldblätter sind eine wunderhübsche Verpackung.

Für die Mangoldpäckchen die Mangoldblätter gründlich waschen und den dicken Teil des Stiels keilförmig heraustrennen. Die Stiele in dünne Streifen schneiden. In einer Pfanne 1 TL Kokosöl erhitzen und die Mangoldstiele darin andünsten. Mit Meersalz würzen. Die Blätter kurz in kochendes Salzwasser tauchen, anschließend kalt abschrecken und trocken tupfen.

Für die Füllung den Dinkel 10 Minuten in der doppelten Menge Salzwasser kochen. Abtropfen lassen. Die Petersilie waschen, trocken schütteln, die Chilischoten entkernen und beides fein hacken. Die Datteln ebenfalls fein hacken. Petersilie, Chili, Datteln und Rosinen zum Dinkel geben. Erdnüsse, Salzmandeln, Olivenöl und Gewürze unterrühren. Die Mangoldstiele hinzugeben und alles sorgfältig vermischen.

Die Mangoldblätter flach ausbreiten, den eingeschnittenen Teil überlappend legen und je 1 EL Füllung daraufgeben. Die Seiten über die Füllung klappen und das Blatt aufrollen, sodass ein Päckchen entsteht. Mit Küchengarn zubinden.

Das restliche Kokosöl (2 TL) in einer Pfanne erhitzen und die Päckchen darin von beiden Seiten sanft braten.

In der Zwischenzeit für die Curry-Tahin-Sauce das Tahin mit dem Joghurt und dem Mandeldrink glatt rühren. Die Gewürze hinzugeben und alles gut vermischen.

Die fertigen Mangoldpäckchen mit der Tahin-Sauce servieren.

DINKEL-PIZZA MIT SPINATPESTO, CASHEW CHEESE UND VIEL GRÜNZEUGS

Für 4 Personen

FÜR DIE PIZZA

440 g Dinkelvollkornmehl

4 TL Kokosblütenzucker

60 g frische Hefe

3 EL Olivenöl, 1 TL Salz

FÜR DEN CASHEW CHEESE

160 g geröstete, gesalzene Cashewkerne

FÜR DAS PESTO

120 g Haselnusskerne

130 g Spinat, 70 g Rucola

100 ml Olivenöl

30 ml Ahornsirup

1 TL Meersalz

abgeriebene Schale von 2 Bio-Zitronen

Saft von 1 Zitrone

FÜR DEN BELAG

120 g Haselnusskerne

100 g Rucola, 1 Bund Basilikum

80 g geröstete, gesalzene Cashewkerne

vegan | laktosefrei

Der nussige Teig aus Dinkelvollkornmehl ist die knusprige Basis für diese Pizza. Das Pesto ist eine Wucht, und der Cashew Cheese bringt noch mehr Nuss ins Spiel. Belegt ist die Pizza mit jeder Menge Rucola, weiteren Nüssen und Basilikum – genau das Richtige für lange, gesellige Abende mit Freunden.

Für den Pizzateig das Dinkelmehl in eine große Schüssel geben und eine Mulde formen, 200 ml lauwarmes Wasser hineingießen, den Kokosblütenzucker hinzugeben und die Hefe in die Mulde bröseln. Die Hefe auflösen und mit etwas Mehl vom Rand zu einem Vorteig verrühren. Den Teig zugedeckt etwa 15 Minuten gehen lassen, bis Blasen sichtbar werden. Weitere 60 ml lauwarmes Wasser, Olivenöl und Salz hinzufügen und alles zu einem glatten Pizzateig kneten. Zugedeckt 2 Stunden gehen lassen.

Die Cashewkerne vollständig mit Wasser bedecken und 2 Stunden einweichen.

Während der Einweichzeit das Pesto zubereiten. Hierfür die Haselnüsse in einer Pfanne ohne Fett leicht rösten. Spinat und Rucola waschen, trocken schleudern, grob hacken und in ein hohes Gefäß geben. Mit Haselnüssen, Olivenöl, Ahornsirup, Salz, Zitronenschale und Zitronensaft mit dem Stabmixer zu einem Pesto mixen.

Den Ofen auf 220 °C Ober-/Unterhitze vorheizen. Wer einen Pizzastein hat, legt ihn mit in den Ofen.

Für den Cashew Cheese das Einweichwasser abgießen und die Cashewkerne mit 4 EL frischem Wasser mit dem Stabmixer pürieren.

Den Pizzateig vierteln und die Viertel zu Kugeln formen. Eine Kugel auf einer mit Mehl bestäubten Arbeitsfläche etwa ½ cm dick ausrollen, dann auf einen bemehlten Pizzaschieber legen, mit ¼ des Pestos bestreichen und ebenfalls ¼ des Cashew Cheese als kleine Tupfen darauf verteilen. Die Pizza im Ofen etwa 5 Minuten backen. Die restlichen Pizzen ebenso zubereiten.

Für den Belag die Haselnüsse in einer Pfanne ohne Fett leicht rösten, Rucola und Basilikum waschen und trocken schleudern. Den Basilikum grob hacken.

Die fertigen Pizzen mit Haselnüssen, Cashewkernen, Rucola und Basilikum belegen und sofort genießen.

schwarze Bohne | Mais | Kreuzkümmel | Ceylon-Zimt | Oregano | Petersilie | Koriander

FRÜHLINGSROLLEN MIT VEGANEM CHILI UND AVOCADO-RANCH-DIP

Für 16 kleine Frühlingsrollen

FÜR DAS VEGANE CHILI

150 g Tofu
2 TL Kokosöl
2 TL Sojasauce (Tamari)
¼ TL Cayennepfeffer
1 kleine Zwiebel
1 Knoblauchzehe
20 g frischer Ingwer
100 g schwarze Bohnen (Dose)
100 g Mais (Dose)
150 g stückige Tomaten (Dose)
½ TL gemahlener Kreuzkümmel
¼ TL Cayennepfeffer
¼ TL gemahlener Ceylon-Zimt
¼ TL Oregano
½ Bund glatte Petersilie
½ Bund Koriandergrün
16 Blätter Reispapier
Sonnenblumenöl

Die knusprig gebackenen Frühlingsrollen sind echt ein Hit, und der Avocado-Ranch-Dip ist die perfekte cremige Begleitung. Aber das Allerbeste an diesem Gericht ist das vegane Chili: Der Tofu darin wird nach dem gleichen Prinzip zubereitet wie bei meiner Thai-Erdnuss-Kokos-Suppe (siehe S. 128). Weil ich das Chili so lecker finde, mache ich gleich eine größere Menge davon und esse es am nächsten Tag als Eintopf.

Den Ofen auf 180 °C Ober-/Unterhitze vorheizen. Ein Backblech mit Backpapier belegen.

Für das vegane Chili den Tofu einfach mit den Händen zerbröseln und mit 1 TL Kokosöl, 1 TL Sojasauce und Cayennepfeffer mischen. Den Tofu auf das Backblech geben und im Ofen etwa 20 Minuten rösten.

In der Zwischenzeit Zwiebel und Knoblauch schälen und fein würfeln. Den Ingwer schälen und fein hacken. In einer Pfanne 1 TL Kokosöl erhitzen und Zwiebeln, Knoblauch und Ingwer darin andünsten. Bohnen, Mais, stückige Tomaten, die Gewürze und die restliche Sojasauce (1 TL) hinzufügen und alles 10 Minuten einköcheln lassen. Das Chili leicht auskühlen lassen.

Petersilie und Koriander waschen, trocken tupfen und mit den Stielen fein hacken. Die Kräuter und den knusprigen Tofu unter das Chili rühren.

1 Blatt Reispapier in Wasser einweichen. Das Reispapier auf ein Brettchen legen, etwa 1–1 ½ EL Chili daraufgeben, ⅓ des Papiers von oben und unten über die Füllung klappen und das Ganze dann von der Seite her aufrollen. Das Reispapier fest andrücken, sodass die Füllung gut verschlossen ist. Die restlichen Reispapierrollen ebenso zubereiten. Die fertigen Rollen auf ein mit Backpapier belegtes Backblech geben, mit reichlich Sonnenblumenöl einpinseln und im Ofen etwa 20–25 Minuten backen.

Weiter geht's auf der nächsten Seite.

FÜR DEN AVOCADO-RANCH-DIP

1 Avocado

½ Bund glatte Petersilie

Saft von 2 Zitronen

60 ml Mandeldrink (siehe S. 13)

1 TL Meersalz

ZUM SERVIEREN

½ Bund Koriandergrün

2 Zitronen

vegan | glutenfrei | laktosefrei

Währenddessen für den Avocado-Ranch-Dip die Avocado halbieren, den Kern entfernen, das Fruchtfleisch mit einem Löffel herauslösen und in ein hohes Gefäß geben. Die Petersilie waschen, trocken schütteln und grob hacken. Avocado, Petersilie, Zitronensaft, Mandeldrink und Meersalz mit dem Stabmixer zu einem Dip mixen.

Den Koriander waschen, trocken schütteln und grob hacken. Die Zitronen halbieren. Die fertigen Frühlingsrollen mit dem Koriander, Avocado-Ranch-Dip und Zitronenhälften servieren.

Kichererbse | Kurkuma | Kreuzkümmel | Koriander | Aubergine | Zucchini | Knoblauch

INDISCHE KICHERERBSEN-CRÊPES MIT RÖSTGEMÜSE, HUMMUS UND CASHEWS

Für 4 Personen

FÜR DIE CRÊPES

140 g Kichererbsenmehl

je 1 TL Meersalz und Kurkumapulver

je ½ TL Cayennepfeffer und gemahlener Kreuzkümmel

¼ TL schwarzer Pfeffer

1 rote Chilischote

1 Bund Koriandergrün

2 Frühlingszwiebeln

2 TL Sonnenblumenöl

etwas Kokosöl zum Ausbacken

FÜR DAS RÖSTGEMÜSE

300 g Aubergine

250 g Zucchini

3 EL Olivenöl

6 Knoblauchzehen

½ Bund glatte Petersilie, ¼ TL Salz

ZUM SERVIEREN

Hummus (siehe S. 204)

2 EL geröstete, gesalzene Cashewkerne

vegan | glutenfrei | laktosefrei

In diese Crêpes habe ich mich verliebt. Sie sind so schön scharf, würzig, und der Koriander und die Frühlingszwiebeln im Teig sind einfach unschlagbar. Man kann die Crêpes mit allem füllen, was das Herz begehrt. Toll dazu passen Hummus und Röstgemüse oder Nussmus, Avocado, viel Koriander und Tofu-Crumble. Manchmal reiche ich die Crêpes auch ohne Füllung zu meinem Kichererbseneintopf (siehe S. 198) oder der Thai-Erdnuss-Kokos-Suppe (siehe S. 128). Sie sind einfach eine Wucht.

Für die Crêpes das Kichererbsenmehl und die Gewürze in eine große Schüssel geben und vermischen, 110 ml Wasser hinzufügen und alles zu einem glatten Teig rühren. Weitere 110 ml Wasser hinzufügen und gut verrühren. Die Chilischote entkernen, den Koriander waschen und trocken schütteln, die Frühlingszwiebeln waschen und putzen. Chili und Koriander hacken, die Frühlingszwiebeln in feine Ringe schneiden. Chili, Koriander und Frühlingszwiebeln zum Teig geben, das Öl unterrühren und den Teig 5 Minuten ruhen lassen.

Die Aubergine und die Zucchini waschen und trocken tupfen. Die Aubergine in dünne Scheiben, die Zucchini in etwas dickere Streifen schneiden. Das Olivenöl in einer Pfanne erhitzen und das Gemüse darin unter gelegentlichem Rühren goldgelb rösten. Den Knoblauch schälen, in dünne Scheiben schneiden, zum Gemüse in die Pfanne geben und kurz mitrösten. Die Petersilie waschen, trocken schütteln und fein hacken. Mit dem Salz unter das Gemüse rühren.

Parallel dazu die Crêpes ausbacken. Den Boden einer Pfanne dünn mit Kokosöl auspinseln, eine kleine Kelle Teig hineingeben und durch Neigen der Pfanne verlaufen lassen oder mit einem Spatel verstreichen. Wenden, sobald die Crêpe fest wird, und von der anderen Seite goldgelb ausbacken. Die fertige Crêpe im Ofen warm halten und die weiteren Crêpes ebenso zubereiten.

Die Crêpes mit Hummus bestreichen, mit dem Röstgemüse belegen und mit Cashewkernen bestreuen. Warm genießen.

TORTELLINI MIT ZIEGENFRISCHKÄSE, NÜSSEN, MARONEN UND KÜRBISSAUCE

Für 4 Personen

FÜR DIE TORTELLINI

500 g Dinkelvollkornmehl

1 TL Meersalz

2 EL Butter

4 Zweige Thymian

FÜR DIE FÜLLUNG

160 g Haselnusskerne

8 TL Honig, Salz

40 g Maronen, gegart

300 g Ziegenfrischkäse

½ TL frisch gemahlener Kubebenpfeffer

4 Zweige Thymian

FÜR DIE SAUCE

300 g Kürbis (Hokkaido)

80 ml Mandeldrink (siehe S. 13)

30 g Ziegenfrischkäse

½ TL Meersalz

ZUM SERVIEREN

5 EL geriebener Parmesan

AUSSERDEM

Nudelmaschine

runder Ausstecher (5–6 cm Ø)

Ich könnte nie auf Pasta verzichten. Doch ich merke, dass mir Pasta mit Weißmehl nicht so gut bekommt. Diese Pasta mit ihrer herbstlichen Füllung wird mit Dinkelmehl sogar noch besser, denn es hat einen leicht nussig-süßlichen Geschmack. Gekrönt wird die Pasta von einer cremigen Kürbissauce.

Für die Tortellini Mehl und Salz mischen, eine Mulde formen und 240 ml lauwarmes Wasser hineingeben. Allmählich Mehl vom Rand ins Wasser rühren. Wenn der Teig fester wird, mit den Händen kneten, bis er glatt ist. Falls nötig noch einen Schuss Wasser hinzugeben. Den Teig auf einer glatten Arbeitsfläche (nicht mit Mehl bestäuben!) einige Minuten kneten, zu einer Kugel formen, in Folie wickeln und 1 Stunde bei Zimmertemperatur ruhen lassen.

Für die Füllung die Haselnüsse grob hacken und in einer Pfanne ohne Fett anrösten, 2 TL Honig und 1 Prise Salz dazugeben und kurz karamellisieren lassen. Die Nüsse herausnehmen und auf Backpapier auskühlen lassen. Etwa 40 g der karamellisierten Nüsse fein hacken. Die Maronen ebenfalls fein hacken. Den Ziegenfrischkäse glatt rühren. Restlichen Honig (6 TL), fein gehackte Haselnüsse und Maronen, Pfeffer und Thymianblättchen unterrühren.

Den Nudelteig in 4 Teile teilen, etwas flach drücken und mit der Nudelmaschine ausrollen. Im Abstand von 5 cm je ½ TL Füllung auf die Bahnen setzen. Mit dem Ausstecher um die Füllung herum Kreise ausstechen. Die Hälfte des Teigkreises über die Füllung klappen, sodass Halbmonde entstehen. Die beiden Spitzen zusammenführen und leicht festdrücken, sodass die typische Tortellini-Form entsteht. Die Nudeln auf einen leicht mit Mehl bestäubten Teller legen, mit Frischhaltefolie abdecken und beiseitestellen.

Für die Sauce Kerne und Fasern aus dem Kürbis entfernen, den Kürbis in Würfel schneiden und 10 Minuten in Salzwasser weich kochen. In einem Sieb abtropfen lassen, dann in eine Schüssel geben, Mandeldrink, Ziegenfrischkäse und Salz hinzufügen und alles mit dem Stabmixer zu einer Sauce mixen.

Die Tortellini in stark gesalzenem Wasser 2–3 Minuten al dente kochen. Währenddessen in einer Pfanne Butter zerlassen und die Thymianblättchen hinzugeben. Die fertigen Tortellini kurz in der Thymianbutter schwenken.

Die Tortellini mit der Kürbissauce anrichten, mit den restlichen gerösteten Haselnüssen (120 g) und etwas Parmesan bestreuen und servieren.

Kichererbse | Mandel | Rucola | Zucchini | Sprossen | Kapern

SOCCA-PIZZA MIT MANDEL-RUCOLA-PESTO, ZUCCHINI, OLIVEN UND KAPERN

Für 4 Personen

FÜR DIE SOCCA

300 g Kichererbsenmehl

je 1 TL Meersalz
und gemahlener Kreuzkümmel

2 EL Olivenöl plus etwas
Sonnenblumenöl für die Pfanne

FÜR DAS PESTO

160 g Mandeln

140 g Rucola

abgeriebene Schale von
2 Bio-Zitronen

140 ml Olivenöl

4 TL Ahornsirup, 1 TL Meersalz

FÜR DEN BELAG

200 g Zucchini

1 TL Sonnenblumenöl, ¼ TL Salz

50 g Rucola

8 EL Sprossen, 4 EL Kapern

Zesten von 2 Bio-Zitronen

Kerbel und Kresse

AUSSERDEM

Pizzablech oder feuerfeste Pfanne
(24 cm Ø)

vegan | glutenfrei | laktosefrei

Kichererbsen haben viele wichtige Ballaststoffe, Eiweiße und Mineralstoffe. Sie machen lange satt und sind dabei so wandelbar: Angeröstet und mit Sojasauce karamellisiert, verwende ich sie oft in Salaten und Wraps. Hummus steht bei mir mehrmals pro Woche auf dem Speiseplan, mal pur, mal mit Kräutern oder Gemüse verfeinert. Ich verwandele Kichererbsen auch in einen curryscharfen Eintopf (siehe S. 198) und zaubere aus Kichererbsenmehl leckere Crêpes (siehe S. 177), Kichererbsen-Puffer (siehe S. 105) – oder eben diese Socca-Pizza.

Den Ofen auf 220 ° Grad Ober-/Unterhitze vorheizen.

Für den Pizzateig das Kichererbsenmehl mit Meersalz und Kreuzkümmel mischen. Olivenöl und 580 ml Wasser hinzugeben, verrühren und etwa 20 Minuten quellen lassen.

In der Zwischenzeit das Pesto zubereiten. Dafür die Mandeln kurz in einer Pfanne ohne Fett rösten und dann mit Rucola, Zitronenschale, Olivenöl, Ahornsirup und Meersalz mit dem Stabmixer zu einem Pesto mixen.

Für den Belag die Zucchini waschen, in dünne Scheiben schneiden und in einer Pfanne mit Sonnenblumenöl anbraten. Mit etwas Salz würzen.

Ein Pizzablech oder eine feuerfeste Pfanne einige Minuten im Ofen vorheizen. Herausnehmen, etwas Sonnenblumenöl auf das Pizzablech geben, schwenken und ¼ des Teigs daraufgeben. Etwa 10 Minuten im oberen Ofendrittel garen, bis die Socca an den Seiten goldgelb und knusprig ist. Die Socca herausnehmen und auf ein Küchenpapier legen. Mit dem restlichen Teig ebenso verfahren, bis vier Soccas gebacken sind.

Die fertigen Soccas mit dem Pesto bestreichen, mit Zucchini und Rucola belegen. Die Socca-Pizza mit Sprossen, Kapern, Zitronenzesten, Kerbel und Kresse bestreuen.

TIPP

Wenn man die Socca mit Freunden macht, bietet es sich an, die erste fertige Pizza anzurichten und sie zu teilen, während der zweite Teig im Ofen ist. Dann ist der Boden noch etwas warm. Die Socca schmeckt aber auch kalt hervorragend.

NUFACTURE

SALAD WRAPS MIT TOFU-CRUMBLE UND MANGO-KORIANDER-SALSA

Für 4 Personen

FÜR DEN TOFU-CRUMBLE

400 g Tofu

1 TL Kokosöl

500 g Kichererbsen (Glas)

4 TL milde gelbe Currypaste

2 TL scharfe gelbe Thai-Currypaste

1 TL gemahlene Kurkuma

1 TL rosenscharfes Paprikapulver

1 TL Salz

200 ml Mandeldrink (siehe S. 13)

2 EL Sojasauce (Tamari)

FÜR DIE ZWIEBELN

2 rote Zwiebeln

1 TL Kokosöl

½ TL gemahlener Kreuzkümmel

¼ TL Meersalz

Es muss nicht immer Teig sein, der eine köstliche Füllung hält. Große Salatblätter sind eine knackig-leichte und gesunde Alternative. Hier habe ich sie mit Curry-Tofu-Crumble, Zwiebeln, karamellisierten Pfeffer-Cashews und einer Mango-Koriander-Salsa gefüllt. Zum Niederknien lecker. Vor allem abends, wenn ich etwas Leichtes und trotzdem Sättigendes essen möchte, liebe ich Salad Wraps sehr.

Für den Curry-Tofu-Crumble den Tofu mit den Händen zerbröseln. In einer Pfanne das Kokosöl erhitzen und den Tofu darin anbraten. Die Kichererbsen dazugeben, Currypasten und Gewürze unterrühren und alles 2 Minuten braten, dann mit Mandeldrink und Sojasauce ablöschen und noch etwa 5 Minuten bei schwacher Hitze weiterköcheln lassen. Warm halten.

In der Zwischenzeit die Zwiebeln schälen und in grobe Streifen schneiden. In einer zweiten Pfanne das Kokosöl erhitzen und die Zwiebeln darin anschwitzen. Mit Kreuzkümmel und Salz würzen, herausnehmen und beiseitestellen.

Weiter geht's auf der nächsten Seite.

FÜR DIE PFEFFER-CASHEWS

10 g geröstete, gesalzene Cashewkerne

½ TL Kubebenpfeffer

2 EL Ahornsirup

FÜR DIE SALSA

600 g Mango

2 Bund Koriandergrün

2 rote Chilischoten

4 EL Olivenöl

½ TL Meersalz

ZUM SERVIEREN

12–16 große Salatblätter

vegan | glutenfrei | laktosefrei

Die Cashewkerne mit dem Kubebenpfeffer in einer Pfanne ohne Fett bei schwacher Hitze rösten, bis der Pfeffer zu duften beginnt. Mit dem Ahornsirup karamellisieren und aus der Pfanne nehmen.

Für die Salsa die Mango schälen, das Fruchtfleisch vom Stein lösen und fein würfeln. Den Koriander waschen, trocken schütteln und fein hacken. Die Chilischoten entkernen und grob hacken. Mangowürfel mit Koriander, Chili, Olivenöl und Meersalz zu einer Salsa mischen.

Die Salatblätter waschen und trocken schütteln. Auf jedes Salatblatt etwas Curry-Tofu-Crumble, Zwiebeln und Cashewkerne geben und die Füllung mit Mango-Koriander-Salsa beträufeln. Die Salatblätter fest zu Wraps zusammendrehen ... und genießen.

Kürbis | Zimt | Apfel | Rosmarin | Knoblauch | Walnuss

NAAN MIT ZIMTIGEM KÜRBIS, ROSMARIN-APFEL UND GERÖSTETEN WALNÜSSEN

Für 4 Personen

FÜR DEN KÜRBIS

240 g Kürbis (Hokkaido)

3 EL Olivenöl, ¼ TL Meersalz

1 Msp. Ceylon-Zimt

FÜR DAS ROSMARIN-ÖL

2 Knoblauchzehen

6 EL Olivenöl

4 Zweige Rosmarin, Salz

FÜR DAS NAAN

300 g Dinkelvollkornmehl

1 TL Backpulver, 1 TL Meersalz

240 g Sojajoghurt

FÜR DIE ROSMARIN-ÄPFEL

80 g Walnusskerne

1 kleiner säuerlicher roter Apfel

2 Zweige Rosmarin

½ TL Olivenöl

2 TL Ahornsirup

50 g Rucola

4 EL lang gereifter Aceto balsamico

vegan | laktosefrei

Eine weitere Variante der belegten Naan-Brote, die ich so liebe. Hier kombiniere ich das Naan mit herbstlichen Aromen: Kürbis, Apfel und Walnüsse, ergänzt mit einem Rosmarin-Knoblauch-Öl. Die Gewürze, allen voran der Zimt, bringen uns die Wärme, die wir an den ersten Herbsttagen brauchen.

Den Ofen auf 180 °C Ober-/Unterhitze vorheizen. Ein Backblech mit Backpapier belegen.

Den Kürbis waschen und trocken tupfen. Fasern und Kerne herauslösen, das Kürbisfleisch in ½ cm dicke Spalten schneiden und in eine Schüssel geben. Das Olivenöl mit Salz und Zimt verrühren, über den Kürbis geben und die Spalten darin wenden, bis sie rundum mit dem Würzöl überzogen sind. Den Kürbis auf das Backblech geben und im Ofen etwa 10–15 Minuten rösten.

Für das Rosmarin-Knoblauch-Öl die Knoblauchzehen schälen und in dünne Scheiben schneiden. Das Olivenöl in einer Pfanne leicht erhitzen. Die Nadeln der Rosmarinzweige abzupfen und mit dem Knoblauch in der Pfanne einige Minuten anrösten. Das Öl mit 1 Prise Salz würzen und zur Seite stellen.

Für das Naan das Mehl in einer Schüssel mit Backpulver und Meersalz mischen. Den Joghurt und 4 TL Wasser dazugeben und alles zu einem glatten Teig kneten. Den Teig in 8 Stücke teilen und die Stücke zu Kugeln rollen. Eine Teigkugel auf einer leicht bemehlten Arbeitsplatte etwa ½ cm dünn ausrollen und anschließend in einer Pfanne ohne Öl von beiden Seiten braten. Das dauert nur wenige Sekunden. Kurz bevor das Brot fertig ist, etwas Rosmarin-Knoblauch-Öl dazugeben. Mit dem restlichen Teig genauso verfahren. Die fertigen Naan-Brote auf einen Teller geben und im Backofen warm halten.

Die Walnüsse in einer Pfanne ohne Öl anrösten, herausnehmen und beiseitestellen. Den Apfel waschen und in dünne Scheiben schneiden, die Rosmarinnadeln von den Zweigen streifen. Das Olivenöl in der Pfanne erhitzen und die Apfelscheiben darin kurz andünsten, dann den Ahornsirup hinzugeben und die Apfelscheiben karamellisieren. Die Rosmarinnadeln hinzufügen.

Die Naan-Brote auf Tellern mit zimtigem Kürbis und Rosmarin-Apfel anrichten und mit dem restlichen Rosmarin-Knoblauch-Öl beträufeln. Die Walnüsse darübergeben. Den Rucola auf den Naan-Broten verteilen und alles mit etwas Aceto balsamico beträufeln.

Miso | Buchweizen | Edamame | Ingwer | schwarzer Sesam | Koriander | Limette

MISO-TOFU-BOWL MIT SOBA-NUDELN

Für 4 Personen

FÜR DEN TOFU

200 g Erdnuss-Tofu (wahlweise normaler Tofu)

30 g frischer Ingwer

3 TL Misopaste (Hatcho Miso)

200 ml Kokosmilch

1 TL Cayennepfeffer

2 EL Ahornsirup, 2 TL Sesamöl

½ TL Meersalz

FÜR DIE SOBA-NUDELN

3 TL Miso-Paste (Hatcho Miso)

400 g Soba-Nudeln (Buchweizen)

2 TL Sesamöl

ZUM SERVIEREN

160 g gepalte Edamame (TK)

1 TL Sesamöl, Meersalz

2 EL schwarzer Sesam, plus etwas mehr zum Garnieren

1 Bund Koriandergrün, Kresse

4 EL Quick Pickles (Zwiebeln und Radieschen, siehe S. 102)

abgeriebene Schale von 4 Bio-Limetten

vegan | glutenfrei | laktosefrei

Ich würze gern mit Miso. Mit etwas Kokosmilch und spannenden Gewürzen verrührt, wird daraus im Handumdrehen eine leckere Marinade oder Sauce. Auch die Soba-Nudeln koche ich in aufgelöster Misopaste, so bekommen sie einen noch kräftigeren Geschmack. Ich schwenke sie in einer leicht scharfen Miso-Kokosmilch-Sauce und serviere sie dann mit köstlichen Tofuwürfeln, Edamame, Koriander, Quick-Pickled-Zwiebeln, Radieschen und viel Limette.

Den Ofen auf 180 °C Ober-/Unterhitze vorheizen. Ein Backblech mit Backpapier belegen.

Den Tofu in kleine Würfel schneiden. Für die Marinade den Ingwer schälen und fein hacken. Die Misopaste mit 1 EL heißem Wasser glatt rühren. Dann 140 ml Kokosmilch, Cayennepfeffer, Ahornsirup, Sesamöl und gehackten Ingwer hinzugeben und alles vermengen. Den Tofu mit 2 EL Marinade mischen und auf das Backblech geben. Mit Meersalz bestreuen und im Ofen etwa 10 Minuten rösten.

Für die Miso-Sauce die restliche Marinade mit der verbliebenen Kokosmilch (60 ml) aufgießen.

Für die Soba-Nudeln die Misopaste mit 1,5 l Wasser aufgießen und aufkochen lassen. Die Soba-Nudeln darin 2–3 Minuten al dente kochen, dann abtropfen lassen und mit etwas Sesamöl vermengen, damit die Nudeln nicht aneinanderkleben.

In der Zwischenzeit die Edamame mit Sesamöl, 1 Prise Meersalz und schwarzem Sesam vermengen. Koriander waschen, trocken schütteln und die Blätter grob hacken.

Die Soba-Nudeln in der Miso-Sauce bei schwacher Hitze erwärmen und auf Teller verteilen. Edamame und Tofu darübergeben und nach Belieben mit Koriander, Kresse, Quick-Pickled-Zwiebeln und -Radieschen, Limettenschale und schwarzem Sesam garnieren.

MANGOLD-WRAPS MIT SÜSSKARTOFFEL-HUMMUS, TOFU UND CASHEW-CREME

Für 4 Personen

FÜR DIE REISFÜLLUNG

200 g Vollkornreis

200 g Rotkohl

160 g Möhren

2 rote Chilischoten

80 g Baby-Spinat

100 g geröstete, gesalzene Erdnusskerne

1 TL Meersalz

3 EL Olivenöl

FÜR DAS SÜSSKARTOFFEL-HUMMUS

250 g Süßkartoffel

½ TL Salz

½ TL gemahlener Kreuzkümmel

20 ml Mandeldrink (siehe S. 13)

Diese Mangold-Wraps sind mit knackigem Gemüse, Vollkornreis, cremigem Süßkartoffel-Hummus und leckerem Scrumbled Tofu gefüllt. Zum Dippen gibt es eine mit Curry gewürzte Cashew-Creme. Anstelle des Mangolds kann man auch Kohl, Grünkohl oder grüne Salatblätter nehmen. Sie müssen nur groß genug sein, damit man sie gut rollen kann. Ich liebe diese Kombination aus knackiger Hülle und aromatischer Füllung – zum Reinbeißen gut.

Für die Reisfüllung den Vollkornreis in der doppelten Menge Salzwasser bissfest garen. In einem Sieb abtropfen lassen. Den Rotkohl und die Möhren in feine Streifen schneiden. Die Chilischoten entkernen und fein hacken. Den Baby-Spinat waschen, trocken schleudern und ebenfalls fein hacken. Rotkohl, Möhren, Chili und Spinat unter den Reis heben. Die Erdnüsse mit dem Meersalz und dem Olivenöl unter den Salat mischen.

Für das Hummus die Süßkartoffel schälen, in Würfel schneiden und in Salzwasser etwa 10 Minuten garen. Abgießen, mit den Gewürzen und dem Mandeldrink in ein hohes Gefäß geben und alles mit dem Stabmixer zu einer Creme mixen.

Weiter geht's auf der nächsten Seite.

FÜR DEN SCRUMBLED TOFU

200 g Tofu

2 kleine Schalotten

2 TL Kokosöl

½ TL Kurkumapulver

½ TL Meersalz

½ TL Cayennepfeffer

¼ TL frisch gemahlener Pfeffer

4 EL Sojajoghurt

FÜR DIE CASHEW-CURRY-CREME

130 g geröstete, gesalzene Cashewkerne

¼ TL Kurkumapulver

¼ TL Currypulver

3 EL Sojajoghurt

ZUM SERVIEREN

8 große Mangoldblätter

schwarzer Sesam

vegan | glutenfrei | laktosefrei

Für den Scrumbled Tofu den Tofu zerbröseln. Die Schalotten fein würfeln. In einer Pfanne das Kokosöl erhitzen und die Schalotten darin anschwitzen. Tofu und Gewürze hinzufügen. Alles unter Rühren anrösten, dann den Sojajoghurt hinzugeben und gut vermischen.

Für die Cashew-Curry-Creme die Cashewkerne mit den Gewürzen in einem Hochleistungsmixer zu Nussmus mahlen. Mit dem Sojajoghurt glatt rühren.

Die Mangoldblätter waschen und den dicken Teil des Strunks dreiecksförmig herausschneiden. Die Blätter kurz in kochendes Salzwasser tauchen, dann sofort unter kaltem Wasser abschrecken und trocken tupfen. Ein Mangoldblatt quer auf ein großes Brett legen. Den eingeschnittenen Teil übereinanderlegen. Etwa ⅛ von dem Hummus, Reissalat und Tofu daraufgeben. ⅓ des Blattes hochklappen und dann das Blatt von der eingeschnittenen Seite her quer zu einem Wrap rollen. Mit den übrigen Mangoldblättern ebenso verfahren. Die Mangold-Wraps mit schwarzem Sesam bestreuen und mit der Cashew-Curry-Creme servieren.

KICHERERBSENEINTOPF MIT MANDELN, AVOCADO-MINZ-SALAT UND BULGUR

Für 4 Personen

FÜR DEN KICHERERBSENEINTOPF

2 kleine Zwiebeln

4 Knoblauchzehen

2 TL Kokosöl

40 g Ingwer

4 TL gelbe Currypaste

2 TL Madras-Currypulver

1 TL Meersalz

800 ml Kokosmilch

600 g Kichererbsen (Glas)

FÜR DIE MANDELN

120 g Mandeln

1 TL Kokosöl

½ TL Meersalz

¼ TL Cayennepfeffer

Eines meiner absoluten Lieblingsgerichte aus diesem Buch. Hier ist alles vertreten, was meinen Gaumen in Entzücken versetzt: Kichererbsen in einem scharfen Curry-Eintopf, salzig-würzige Mandeln für den besonderen Knack, cremige Avocado, Kräuterpower durch Koriander und Minze, scharf-süßer Bulgur und etwas Crème fraîche. Ich könnte mich reinsetzen. Jedes Mal.

Den Ofen auf 180 °C Ober-/Unterhitze vorheizen.

Für den Kichererbseneintopf die Zwiebeln und den Knoblauch schälen und beides fein würfeln. Das Kokosöl in einem Topf schmelzen und die Zwiebeln und den Knoblauch darin bei schwacher Hitze anschwitzen. Den Ingwer schälen, fein hacken und in den Topf geben. Currypaste, Currypulver und Meersalz unterrühren und kurz mitrösten. Mit der Kokosmilch aufgießen und alles offen etwa 10 Minuten köcheln lassen.

Für die Salzmandeln die Mandeln mit dem Kokosöl und den Gewürzen mischen, in eine kleine Auflaufform geben und im Ofen etwa 10 Minuten rösten, gelegentlich umrühren.

Weiter geht's auf der nächsten Seite.

FÜR DEN BULGUR

50 g Rosinen

125 g Bulgur

60 g getrocknete, entsteinte Datteln

½ Bund glatte Petersilie

2 EL Olivenöl

¼ TL Meersalz

¼ TL Madras-Currypulver

FÜR DEN AVOCADO-MINZ-SALAT

1 Bund Koriander

½ Bund Minze

2 Avocados

Saft von ½ Zitrone

ZUM GARNIEREN

Crème fraîche

4 EL Granatapfelkerne

vegan | glutenfrei | laktosefrei

In der Zwischenzeit die Rosinen 10 Minuten in Wasser einweichen. Den Bulgur mit 400 ml gesalzenem Wasser aufkochen, vom Herd nehmen und 8 Minuten quellen lassen, dann eventuell verbliebenes Wasser abgießen. Die Datteln hacken, die Rosinen abtropfen lassen und mit den Datteln zum Bulgur geben. Die Petersilie waschen, trocken schütteln und fein hacken, mit Olivenöl, Salz und Currypulver unter den Bulgur heben.

Die Kichererbsen zur Kokosmilch-Curry-Sauce geben und alles weitere 10 Minuten köcheln lassen.

In der Zwischenzeit für den Avocado-Minz-Salat den Koriander und die Minze waschen und trocken schütteln, die Blättchen von den Stielen zupfen. Den Koriander grob hacken. Die Avocados halbieren, den Kern auslösen und das Fruchtfleisch in kleine Würfel schneiden. Mit den Minzblättchen und dem Zitronensaft mischen.

Den Kichererbseneintopf mit dem Curry-Bulgur und den Salzmandeln in großen Schalen anrichten. Etwas Avocado-Minz-Salat in jede Schale geben, nach Belieben mit Crème fraîche, Koriander und Granatapfelkernen garnieren und servieren.

Erbse | Kichererbse | Walnuss | Harissa | Kreuzkümmel | Cashew | Möhre | Gurke | Avocado

ERBSEN-FALAFEL-BOWL

Für 4 Personen

FÜR DIE FALAFELN

1 rote Zwiebel

1 Bund glatte Petersilie

60 g Walnusskerne

140 g grüne Erbsen (TK)

250 g Kichererbsen (Glas)

1 Knoblauchzehe

abgeriebene Schale von 1 Bio-Zitrone

1 ½ TL Meersalz

1 TL Harissa-Pulver

2 TL gemahlener Kreuzkümmel

2 EL Kichererbsenmehl

1 EL Olivenöl

Viele wundervolle Zutaten, vereint in einer großen Buddha Bowl ... das macht mich richtig glücklich: pikante, sättigende Falafeln mit kernigem Wildreis, Erdnüssen, Avocado, knackigen Möhren, Gurken, Salat und jeweils einem großen Klecks Hummus und Cashewmus – so sieht mein Traum-Abendessen aus.

Den Ofen auf 180 °C Ober-/Unterhitze vorheizen. Ein Backblech mit Backpapier belegen.

Für die Falafeln die Zwiebel schälen und in grobe Würfel schneiden. Die Petersilie waschen, trocken schütteln und grob hacken. Die Walnüsse grob hacken und in einer Pfanne ohne Fett anrösten. Die Erbsen in sprudelndem Salzwasser etwa 3 Minuten garen und in einem Sieb abtropfen lassen.

Erbsen mit Zwiebeln, Petersilie, Walnüssen, Kichererbsen, Knoblauch, Zitronenschale, den Gewürzen, Kichererbsenmehl und Olivenöl in einen Hochleistungsmixer geben und zu einer homogenen Masse verarbeiten. Es dürfen noch kleine Stückchen zu sehen sein.

Die Masse zu Bällchen mit etwa 5 cm Durchmesser formen. Auf das Backblech legen und im Ofen auf der mittleren Schiene 35 Minuten backen.

Weiter geht's auf der nächsten Seite.

FÜR DIE BOWL

300 g Wildreis

1 EL Olivenöl

½ TL Meersalz

200 g kleine Möhren

2 TL Kokosöl

¼ TL Cayennepfeffer

2 TL Ahornsirup

250 g Bio-Salatgurke

2 Avocados

FÜR DAS CASHEWMUS

200 g geröstete, gesalzene Cashewkerne

FÜR DAS HUMMUS

125 g Kichererbsen (Glas)

30 g Olivenöl

1 TL gemahlener Kreuzkümmel

½ TL Meersalz

¼ TL Cayennepfeffer

ZUM GARNIEREN

einige Salatblätter (z.B. Rucola, Baby-Mangold, Baby-Spinat)

½ Bund Radieschen

Zesten von 2 Bio-Zitronen

4 EL geröstete, gesalzene Erdnusskerne

schwarzer Sesam

vegan | glutenfrei | laktosefrei

In der Zwischenzeit den Wildreis in Salzwasser 10 Minuten bissfest kochen, mit Olivenöl und ¼ TL Salz abschmecken. Die Möhren längs halbieren. Das Kokosöl in einer Pfanne erhitzen und die Möhren darin anschwitzen. Mit ¼ TL Salz und Cayennepfeffer würzen, dann den Ahornsirup hinzugeben und die Möhren karamellisieren lassen. Die Gurke waschen, trocken tupfen und in dünne Scheiben hobeln.

Für das Cashewmus die Cashewkerne in einem Hochleistungsmixer fein mahlen.

Für das Hummus die Kichererbsen mit Öl, Gewürzen und 50 ml Wasser in einen Mixer geben und zu einer glatten Creme pürieren.

Die Avocados halbieren, den Kern entfernen und das Fruchtfleisch in Scheiben schneiden. Mit einem Löffel vorsichtig auslösen.

Für die Garnitur den Salat waschen, die Radieschen waschen und putzen.

Den Reis mit Falafeln, Möhren, Gurken und Avocado auf vier große Bowls verteilen. Mit Zitronenzesten, Erdnüssen, Salat, Radieschen und schwarzem Sesam garnieren. Jeweils einen großen Klecks Cashewmus und Hummus dazugeben und genießen.

KUCHEN, DESSERTS & RAW BITES

Leckerste Schokokuchen, Raw Brownie Bites mit Karamell und Meersalz, mit Erdnussbutter gefüllte und mit Schokolade überzogene Datteln, Carrot Cake Energy Balls, geröstete Beeren mit Granola oder eine sommerliche Nicecream mit allerlei Leckereien ... Habt ihr schon Lust auf Nachtisch? Auch ohne raffinierten weißen Zucker kann man nämlich köstliche Süßspeisen zaubern, bei denen ihr noch nicht einmal ein schlechtes Gewissen haben müsst, wenn ihr eine zweite Portion nehmt. Sündigen ohne Reue und mit viel Genuss – das klingt nach einer perfekten Süßigkeit, oder?

Dattel | Erdnuss | Kakao | Ceylon-Zimt | Kürbis | Vanille | Kokosmilch

RAW BROWNIE BITES MIT KARAMELL UND MEERSALZ

Für 1 kleine Form

FÜR DEN KARAMELL

200 ml Kokosmilch

60 ml Ahornsirup

Salz

1 TL Kokosöl

FÜR DIE 1. SCHICHT

350 g Kürbis (Hokkaido)

1 EL Dattel-Erdnuss-Creme (siehe 2. Schicht)

80 g getrocknete, entsteinte Datteln

2 EL Kakaopulver

120 g Haselnusskerne

½ TL Salz

Mark von ½ Vanilleschote

1 TL gemahlener Ceylon-Zimt

2 EL Johannisbrotkernmehl

Diese Brownies sind so lecker, dass man gar nicht mehr aufhören kann zu naschen. Sie sind süß, cremig, haben etwas Biss, und der Karamell obendrauf ist eine Wucht. Er ist kaum von herkömmlichem Karamell zu unterscheiden, enthält aber keinen raffinierten Zucker – man kann ihn über allen möglichen Süßkram träufeln.

Für den Karamell die Kokosmilch mit dem Ahornsirup und 1 Prise Salz in einen Topf geben. Etwa 30 Minuten bei schwacher Hitze köcheln lassen, währenddessen immer wieder umrühren. Dabei karamellisiert die Kokosmilch. Das Kokosöl unterrühren und weitere 2 Minuten köcheln lassen, dann den Karamell in ein Glasgefäß gießen.

Für die erste Schicht der Raw Brownie Bites den Kürbis waschen, Kerne und Fasern entfernen, das Kürbisfleisch in Würfel schneiden und etwa 10 Minuten weich kochen. In einem Sieb abtropfen und auskühlen lassen.

In der Zwischenzeit für die zweite Schicht die Datteln mit den Erdnüssen in einem Hochleistungsmixer zu einer Creme pürieren.

Die Backform leicht ausfetten und mit Frischhaltefolie auslegen.

Für die erste Schicht 185 g des gekochten Kürbisses mit der Dattel-Erdnuss-Creme, Datteln, Kakaopulver, Haselnüssen, Salz, Vanillemark und Zimt im Mixer zu einer homogenen Masse mixen. Es dürfen noch Nussstückchen zu sehen sein. Das Johannisbrotkernmehl unterrühren und die Mischung in die vorbereitete Backform geben, gut verteilen und fest andrücken.

Weiter geht's auf der nächsten Seite.

FÜR DIE 2. SCHICHT

30 g getrocknete, entsteinte Datteln

100 g geröstete, gesalzene Erdnusskerne

FÜR DIE 3. SCHICHT

2 EL Kokosöl, flüssig

Mark von ½ Vanilleschote

1 TL Kakaopulver

2 TL Dattel-Erdnuss-Creme (siehe 2. Schicht)

Salz

3 EL Ahornsirup

1 TL Johannisbrotkernmehl

ZUM GARNIEREN

Meersalz nach Belieben

AUSSERDEM

Springform (20 cm Ø)

vegan | glutenfrei | laktosefrei

Als zweite Schicht die Dattel-Erdnuss-Creme auf die erste Schicht geben, dabei 2 TL zurückbehalten. Die Creme gleichmäßig verstreichen. Die Form ins Gefrierfach stellen.

Für die dritte Schicht den restlichen gekochten Kürbis (etwa 140 g), mit Kokosöl, Vanillemark, Kakaopulver, den restlichen 2 TL Dattel-Erdnuss-Creme, 1 Prise Salz, Ahornsirup und Johannisbrotkernmehl im Mixer zu einer glatten Creme pürieren.

Die Backform aus dem Gefrierfach nehmen, die dritte Schicht auf den anderen beiden Schichten verstreichen und im Gefrierfach weitere 20 Minuten kühlen.

Zum Servieren die Raw Brownie Bites in Rauten schneiden, mit Karamell beträufeln und nach Belieben mit Meersalz bestreuen.

Süßkartoffel | Ceylon-Zimt | Pekannuss | Tonkabohne

SÜSSE SÜSSKARTOFFELSCHEIBEN, IM OFEN GERÖSTET

Für 4 Personen

400 g Süßkartoffeln
2 TL Kokosöl
80 g Pekannusskerne
6 EL Kokosblütenzucker
1 TL gemahlener Ceylon-Zimt
Tonkabohne

vegan | glutenfrei | laktosefrei

Kartoffeln zum Dessert? Aber klar! Der Kokosblütenzucker unterstreicht die eigene Süße der Süßkartoffeln, und mit Pekannüssen, Zimt und Tonkabohne werden sie eine herbstliche Leckerei. Aber ebenso klar: Man kann diese Süßkartoffelscheiben nicht nur als Dessert naschen, sie passen zum Beispiel auch zu einem Grünkohlsalat mit vielen weiteren Nüssen, Parmesan und Granatapfelkernen ... Probiert es mal aus.

Den Ofen auf 180 °C Ober-/Unterhitze vorheizen. Ein Backblech mit Backpapier belegen.

Die Süßkartoffel schälen, in 3 mm dünne Scheiben schneiden und die Scheiben auf dem Backblech verteilen. Das Kokosöl zerlassen, die Süßkartoffelscheiben damit bepinseln und im Ofen etwa 10 Minuten rösten.

Die Pekannüsse grob hacken. Die Süßkartoffelscheiben mit den gehackten Pekannüssen und 2 EL Kokosblütenzucker bestreuen und weitere 5 Minuten im Ofen karamellisieren.

Die Süßkartoffelscheiben aus dem Ofen nehmen und mit Zimt und 1 Msp. frisch geriebener Tonkabohne würzen. Den restlichen Kokosblütenzucker (4 EL) in einem kleinen Topf schmelzen und über die Kartoffelscheiben träufeln.

GEFÜLLTE DATTELN MIT ERDNUSS-CREME UND SCHOKOLADE

Für 4 Personen

6 EL Erdnuss-Dattel-Creme (siehe S. 27)

200 g getrocknete, entsteinte Datteln

1 EL geröstete, gesalzene Erdnusskerne

25 g Schokolade (100 % Kakao)

AUSSERDEM

Spritzbeutel

Diese gefüllten Datteln sind ein Traum und das perfekte Naschwerk, wenn man sich nach etwas richtig Süßem sehnt. Die Datteln selbst bringen schon so viel Süße mit, dass die herbe Schokolade wunderbar damit harmoniert. Auch wenn es nicht so scheint: Gefüllte Datteln sind alles andere als ungesund. Datteln, Erdnüsse und Schokolade mit 100 % Kakao sind allesamt gesunde Zutaten und liefern jede Menge Energie. Da darf es auch mal eine gefüllte Dattel mehr sein.

Die Erdnuss-Dattel-Creme in einen Spritzbeutel geben. Die Datteln haben meist an der Seite schon einen kleinen Schlitz vom Entfernen der Kerne. Falls nicht, die Datteln längs aufschlitzen. Etwas auseinanderklappen und jeweils eine kleine Menge der Erdnuss-Dattel-Creme hineinspritzen. Dazu jeweils 1–2 Erdnüsse in die Creme drücken.

Die gefüllten Datteln auf Backpapier legen. Die Schokolade im Wasserbad schmelzen und mithilfe eines Löffels kleine Schokoladenfäden über die Datteln träufeln.

Sobald die Schokolade fest ist, könnt ihr die Datteln zu einem Tee genießen.

TIPP | Wer mag, kann die Datteln noch mit ein wenig Meersalz bestreuen, bevor die Schokolade fest wird. Das schmeckt besonders fein.

Möhre | Dattel | Kokos | Ceylon-Zimt | Allspice | Vanille

CARROT CAKE ENERGY BALLS

Für ca. 12 Energy Balls

80 g Mandeln

25 g frischer Ingwer

60 g Möhren

95 g getrocknete, entsteinte Datteln

30 g Haferflocken

45 g Kokosraspeln

1 TL gemahlener Ceylon-Zimt

Allspice

Mark von 1 Vanilleschote

30 g Walnusskerne

½ TL Ahornsirup

vegan | laktosefrei

Es ist immer eine gute Idee, ein paar Energy Balls im Kühlschrank zu haben. Sie geben mir zwischendurch Power, wenn ich mal etwas müde bin, oder sind ein tolles Frühstück auf die Hand, wenn es mal schnell gehen muss. Auch meine Tochter liebt Energy Balls, und ich packe ihr häufig welche in ihre Brotdose für den Kindergarten. Diese Variante hier schmeckt ein bisschen wie ein Möhrenkuchen mit viel Ingwer und Nüssen.

Die Mandeln in einer Pfanne ohne Fett anrösten. Ingwer und Möhren schälen und fein raspeln. Die Mandeln mit dem Ingwer, Möhren, Datteln, Haferflocken, 15 g Kokosraspeln, Zimt, 1 Prise Allspice und Vanillemark in den Mixer geben und zu einer homogenen Masse mixen, die sich leicht zu Bällchen formen lässt. Nicht zu lange mixen, damit noch kleine Mandelstückchen verbleiben, sie geben den Energy Balls zusätzlichen Crunch.

Die Walnüsse grob hacken, in einer Pfanne ohne Fett anrösten und mit dem Ahornsirup karamellisieren. Die Walnüsse unter die Masse für die Energy Balls rühren. Aus der Masse etwa 12 Bällchen formen und die Energy Balls in den restlichen Kokosraspeln wälzen.

WARME BEEREN MIT KOKOSBLÜTEN-ZUCKER UND GRANOLA

Für 4 Personen

400 ml Kokosmilch (Dose), gekühlt

3 EL Kokosblütenzucker

½ TL Kokosöl

300 g gemischte frische Beeren (z. B. Brombeeren, Heidelbeeren, Johannisbeeren, Himbeeren)

¼ TL frisch gemahlener schwarzer Pfeffer

400 g Granola (z. B. Schoko-Granola, siehe S. 25, oder Buchweizen-Trockenfrüchte-Granola, siehe S. 13)

vegan | glutenfrei | laktosefrei

Ein superschnelles Dessert, das ebenso ein Frühstück sein könnte. Süße, sanft gedünstete Beeren, die für den besonderen Kick mit Pfeffer gewürzt werden, treffen auf köstliche Kokoscreme und knusprigstes Granola. Hier bleiben keine Wünsche offen.

Die gut gekühlte Kokosmilch aus dem Kühlschrank nehmen. Durch das Kühlen hat sich oben feste Kokoscreme abgesetzt. 160 g von der Kokoscreme in eine Schüssel geben, den Kokosblütenzucker hinzufügen und 1 Minute mit dem Handrührgerät glatt rühren.

Das Kokosöl in einer Pfanne bei schwacher Hitze zerlassen und die Beeren leicht andünsten, dann mit dem Pfeffer würzen. Die Beeren mit der Kokoscreme und dem Granola in Schalen anrichten und genießen.

TIPP

Man kann natürlich auch alle anderen Früchte nehmen. Pflaumen, Erdbeeren oder auch Pfirsiche schmecken ebenso toll. Wichtig ist, dass man sie ganz sanft andünstet und mit etwas Pfeffer würzt.

Mandel | Dinkel | Dattel | Vanille

APFELKUCHEN MIT VANILLE UND DATTELKARAMELL

Für einen kleinen Kuchen

FÜR DEN TEIG

300 g Dinkelvollkornmehl

60 g gemahlene Mandeln

½ TL Salz

4 EL Kokosblütenzucker

2 TL gemahlener Ceylon-Zimt

80 g Kokosöl (fest)

ca. 9 EL Eiswasser

FÜR DEN DATTELKARAMELL

150 g getrocknete, entsteinte Medjol-Datteln

½ TL Meersalz

FÜR DIE FÜLLUNG

650 g rote, säuerliche Äpfel

1 TL Kokosöl

Mark von 1 Vanilleschote

2 EL Mandeldrink (siehe S. 13)

AUSSERDEM

Pie-Form (20 cm Ø)

flüssiges Kokosöl für die Form

Hülsenfrüchte zum Blindbacken

vegan | laktosefrei

Für mich gehört Apfelkuchen zum Herbst wie raschelndes Laub – ohne ist diese Jahreszeit für mich gar nicht denkbar. An diesem mag ich besonders den Teig aus nussigem Dinkelvollkornmehl. Und den Hauch von Vanille. Und den Dattelkaramell ...

Den Ofen auf 180 °C Ober-/Unterhitze vorheizen. Die Pie-Form mit etwas flüssigem Kokosöl einfetten.

Für den Teig das Mehl in einer Schüssel mit den Mandeln, Salz, Kokosblütenzucker und Zimt mischen. Das feste Kokosöl dazugeben und alles mit den Händen kneten, bis das Öl gut eingearbeitet ist. Der Teig ist leicht bröselig. Nun 5 EL Eiswasser hinzufügen und den Teig weiterkneten. Das restliche Eiswasser esslöffelweise hinzufügen, bis ein glatter Teig entstanden ist.

Den Teig halbieren und zu zwei Kugeln formen. Eine Kugel auf einer leicht bemehlten Fläche so groß ausrollen, dass sie Boden und Rand der Form bedeckt. Den Teig in die Form legen und den überhängenden Teig mit einem Messer abschneiden. Den Teig mit Backpapier belegen und Hülsenfrüchte daraufgeben, dann im vorgeheizten Ofen etwa 10 Minuten blind backen. Die zweite Teigkugel ebenfalls ausrollen und daraus 13 dünne Streifen und einige Blätter ausschneiden. Kurz zur Seite legen.

Für den Dattelkaramell die Datteln mit 100 ml Wasser und Meersalz in einen Mixer geben und zu einer glatten Creme verarbeiten.

Für die Füllung die Äpfel waschen, trocken tupfen, vierteln und entkernen. Die Viertel jeweils längs in drei Spalten und dann quer in Würfel schneiden. Das Kokosöl in einer Pfanne erhitzen und die Apfelwürfel darin wenige Minuten unter Rühren sanft andünsten, bis etwas Flüssigkeit verdampft ist. Anschließend 3 EL Dattelkaramell und das Vanillemark unterrühren.

Den vorgebackenen Kuchenboden aus dem Ofen nehmen, Hülsenfrüchte und Backpapier entfernen. Die Äpfel auf dem Kuchenboden verteilen und den Kuchen mit den Teigstreifen und -blättern dekorieren. Den Teig mit etwas Mandeldrink bestreichen und den Kuchen im Ofen weitere 15 Minuten backen, bis er schön goldbraun ist. Herausnehmen und auskühlen lassen.

Den Kuchen mit dem restlichen Dattelkaramell servieren.

Vanille | Dattel | Schokolade | Chai | Mandel | Beeren | Blütenpollen

LAYERED NICECREAM

Für 4 Personen

FÜR DIE NICECREAM

850 g Banane (geschält 700 g)

4 TL Chai-Mandelcreme

8 getrocknete, entsteinte Datteln

20 g Kakaopulver

200 ml Mandeldrink (siehe S. 13)

Mark von 1 Vanilleschote

FÜR DIE CHAI-MANDELCREME

200 g Mandeln

1 Sternanis, 2 kleine Nelken

1 Kardamomkapsel, Samen ausgelöst

½ TL gemahlener Ceylon-Zimt

½ TL Kubebenpfeffer

10 g frischer Ingwer

4 TL Kokosöl

FÜR DIE MARMELADE

500 g gemischte Beeren (TK)

3 EL Kokosblütenzucker

1 TL Johannisbrotkernmehl

glutenfrei | laktosefrei

Schon in meinen beiden ersten Büchern aus der Aromenfeuerwerk-Reihe habe ich das ein oder andere Rezept für Nicecream gezeigt, die nette Schwester der Icecream. Meiner Schwäche für diese kalte Köstlichkeit gebe ich immer noch gern nach, denn Nicecream kommt ganz ohne Zucker aus und tut uns mit ihren vielen Gewürzen sogar noch Gutes!

Für die Nicecream die Bananen in Scheiben schneiden und einige Stunden, am besten über Nacht, einfrieren.

Für die Chai-Mandelcreme die Mandeln in einer Pfanne ohne Fett rösten. Sternanis, Nelken und Kardamomsamen fein mörsern, mit Zimt und Kubebenpfeffer zu den Mandeln geben und bei schwacher Hitze mitrösten, bis die Gewürze zu duften beginnen. Den Ingwer schälen und fein hacken. Die Mandeln mit den Gewürzen, Ingwer und dem Kokosöl in einem Hochleistungsmixer pürieren. In einem geschlossenen Schraubglas aufbewahren.

Für die Beerenmarmelade die Früchte mit dem Zucker einige Minuten sanft köcheln lassen. Anschließend das Johannisbrotkernmehl unterrühren.

Für die Schokoladen-Nicecream die Hälfte der gefrorenen Bananen (etwa 350 g) mit 4 TL der Chai-Mandelcreme, 4 Datteln, Kakaopulver und der Hälfte des Mandeldrinks (100 ml) im Mixer zu einer Creme pürieren.

Für die Vanille-Nicecream die restlichen gefrorenen Bananen mit Vanillemark, 4 Datteln und 100 ml Mandeldrink im Mixer zu einer Creme pürieren.

Beide Nicecream-Sorten abwechselnd mit der Chai-Mandelcreme und der Beerenmarmelade in Gläser schichten.

TIPP | Nicht unbedingt nötig, aber einfach schön: Ich garniere meine Nicecream gern mit Blütenpollen, Raw Cacao Nibs, Popcorn oder auch Heidelbeeren. Lasst eurer Fantasie freien Lauf.

SCHOKOLADEN-ZUCCHINI-KUCHEN MIT AVOCADO-FROSTING

Für einen kleinen Kuchen

FÜR DEN KUCHEN

250 g Dinkelmehl (Type 630)

70 g Kakaopulver

220 g Kokosblütenzucker

2 TL Natron

3 TL fein gemahlenes Espressopulver

2 TL gemahlener Ceylon-Zimt

½ TL Meersalz

2 EL geschroteter Leinsamen

240 ml Kokosmilch

60 ml Sonnenblumenöl

60 g Ahornsirup

240 g Zucchini

FÜR DAS AVOCADO-FROSTING

2 Avocados

50 g Kakaopulver

90 ml Ahornsirup

Mark von ½ Vanilleschote

½ TL gemahlener Ceylon-Zimt

2 EL Kokosöl

AUSSERDEM

2 Backformen (à 20 cm Ø)

Wenn man diesen Schokoladenkuchen isst, dann ahnt man nicht, dass er seine Saftigkeit einem Gemüse zu verdanken hat. Die zweite Überraschung ist dann das Frosting: Es besteht hauptsächlich aus Avocados und ist in Konsistenz und Geschmack ein Knaller. Ich glaube, das mache ich jetzt zu jedem Kuchen.

Den Ofen auf 180 °C Ober-/Unterhitze vorheizen. Die Böden der Backformen mit Backpapier belegen, den Rand frei lassen.

Für den Kuchen das Mehl in einer großen Schüssel mit Kakaopulver, Kokosblütenzucker, Natron, Espressopulver, Zimt und Meersalz mischen. Den Leinsamen mit 5 EL Wasser in eine Tasse geben und 5 Minuten quellen lassen.

Die Kokosmilch mit Sonnenblumenöl und Ahornsirup verrühren und zu der Mehlmischung in die Schüssel geben. Den Leinsamen unterrühren. Die Zucchini waschen, trocken tupfen und fein raspeln. Den Saft etwas herausdrücken und die Zucchini anschließend unter den Teig heben.

Den Teig auf die beiden Backformen verteilen. Die Kuchen im vorgeheizten Ofen etwa 40 Minuten backen, nach 30 Minuten die Stäbchenprobe machen.

In der Zwischenzeit das Frosting vorbereiten. Hierfür die Avocados halbieren, den Kern entfernen und das Fruchtfleisch mit Kakaopulver, Ahornsirup, Vanillemark, Zimt und dem flüssigen Kokosöl in einen Mixer geben. Alles zu einem glatten, glänzenden Frosting mixen.

Die Kuchenböden vollständig auskühlen lassen. Einen Boden auf eine Platte setzen und mit einem Viertel des Frostings bestreichen. Den zweiten Boden daraufsetzen und den Kuchen rundum mit dem restlichen Frosting bestreichen.

Pflaume | Beeren | Acai | Cashews | Lakritz

PFLAUMEN-ACAI-BOWL

Für 4 Personen

400 g Pflaumen

1 TL Kokosöl

2 TL Kokosblütenzucker

80 g Heidelbeeren (TK)

100 g Himbeeren (TK)

1 EL Acai-Pulver

4 TL Cashewmus

2 TL süßer Lakritzsirup

ZUM GARNIEREN

100 g verschiedene Früchte

2 EL Blütenpollen

1 EL getrocknete Blüten

AUSSERDEM

4 Eiswürfel

vegan | laktosefrei

Acai sind nicht nur beliebt, sondern auch sehr gesund. Auf S. 59 findet ihr ein weiteres Rezept mit den beliebten Beeren, die bei uns meist als Pulver angeboten werden. Bei dieser Acai-Bowl spielen Pflaumen, Heidelbeeren, Himbeeren und Cashewmus eine Rolle. Ein köstlicher Pflaumen-Lakritz-Sirup macht aus der Acai-Bowl dann einen supergesunden Nachtisch. Ich finde die Kombination unschlagbar.

Die Pflaumen waschen, entsteinen und in kleine Stücke schneiden. Das Kokosöl in einer Pfanne erhitzen und die Pflaumen darin bei schwacher Hitze andünsten. Mit dem Kokosblütenzucker karamellisieren. Die Hälfte der Pflaumen zusammen mit Heidelbeeren, Himbeeren, Acai-Pulver, Cashewmus, 80 ml Wasser und 4 Eiswürfeln zu einem Smoothie mixen.

Die restlichen Pflaumen mit dem Lakritzsirup in ein hohes Gefäß geben und mit dem Stabmixer pürieren. Die Masse durch ein Haarsieb in eine Schüssel streichen.

Den Pflaumen-Acai-Smoothie in Schalen füllen, mit dem Pflaumen-Lakritz-Sirup beträufeln und nach Belieben mit Früchten, Blütenpollen und getrockneten Blüten dekorieren.

ROTE-BETE-SCHOKOLADEN-KUCHEN MIT KAFFEE UND MANDELN

Für einen kleinen Kuchen

FÜR DEN KUCHEN

140 g Dinkelvollkornmehl

160 g Kokosblütenzucker

40 g Kakaopulver, ½ TL Meersalz

2 TL feines Espressopulver

1 TL Backpulver

350 g Rote Bete (gegart)

100 g Schokolade (100 % Kakao)

150 ml Sonnenblumenöl

50 g Mandeln, 3 Eier (Größe M)

ZUM GARNIEREN

40 g Mandeln

40 g Schokolade (100 % Kakao)

1 EL Rote-Bete-Pulver

FÜR DIE GANACHE

150 g Schokolade (100 % Kakao)

30 ml Mandeldrink, 1 EL Kokosöl

6 EL Ahornsirup, Salz

1 EL Rote-Bete-Saft

AUSSERDEM

Springform (20 cm Ø)

laktosefrei

Dieser Kuchen ist eine echte Schokobombe, ohne allzu süß zu sein. Ich mag ihn sehr, denn man kann von ihm mehr als ein Stück essen. Durch die Rote Bete und die Schokolade schmeckt er sehr aromatisch, er ist supersaftig, und die gehackten Mandeln geben ihm etwas Crunch.

Den Ofen auf 180 °C Ober-/Unterhitze vorheizen. Die Form mit ein wenig Sonnenblumenöl einfetten.

Für den Kuchen das Dinkelvollkornmehl mit Kokosblütenzucker, Kakao und Meersalz mischen. Das Espressopulver mit dem Backpulver zum Mehl geben. Alles gut verrühren. Die Rote Bete fein reiben (am besten Handschuhe anziehen) und den Saft etwas ausdrücken, sodass etwa 300 g Rote-Bete-Raspeln entstehen. In eine große Schüssel geben. Die Schokolade über einem Wasserbad schmelzen und zur Roten Bete geben. Das Sonnenblumenöl hinzufügen und alles verrühren. Die Mandeln hacken, in einer Pfanne ohne Fett anrösten und zur Roten Bete geben. Die Eier verquirlen und unter die Rote Bete rühren. Die Mehlmischung zur Rote-Bete-Mischung geben und sorgfältig unterheben. Den Teig in die vorbereitete Form geben und im Ofen etwa 40 Minuten backen. Den Kuchen herausnehmen und vollständig auskühlen lassen.

Währenddessen für die Garnitur die Mandeln grob hacken und in einer Pfanne ohne Fett rösten. Die Schokolade ebenfalls in kleine Stückchen hacken.

Für die Ganache die Schokolade mit dem Mandeldrink in einen Topf geben und unter Rühren schmelzen. Das Kokosöl unterrühren, bis eine glänzende Ganache entstanden ist. Mit Ahornsirup, 1 Prise Salz und Rote-Bete-Saft abschmecken.

Den ausgekühlten Kuchen mit der Ganache beträufeln und mit Rote-Bete-Pulver, Schokoladen- und Mandelstückchen garnieren.

TIPP

Richtige Süßschnäbel können die Menge Kokosblütenzucker im Teig auf 200 g erhöhen. Und noch ein Tipp zum Dekorieren: Wenn die Ganache noch warm und feucht ist, hält die Dekoration super. Am besten habt ihr die Zutaten für die Garnitur also schon bereit und gebt sie gleich auf die Ganache.

ÜBER DIE AUTORIN

Katharina Küllmer ist es eine Herzensangelegenheit, ihre Liebe zu gutem Essen weiterzugeben. Mit ihrer Reihe „Aromenfeuerwerk“ möchte sie den Lesern Mut machen, Gewürze und Zutaten spielerisch zu kombinieren und Ungewöhnliches zu wagen.

Als Food-Fotografin, Rezeptentwicklerin und Food-Stylistin arbeitet Katharina seit Jahren für die auflagenstärksten Food-Zeitschriften. Sie ist immer wieder als Expertin bei Fernseh-Formaten gefragt und setzt für viele Unternehmen spannende Fotoprojekte rund um Essen und Genuss um.

Für ihre eigenen Bücher kocht, fotografiert und schreibt Katharina voller Leidenschaft und Hingabe und verzaubert mit ihren unverwechselbaren Bildern und ihrem ganz eigenen Kochstil viele Leser.

DANKSAGUNG

Auch dieses dritte Buch aus meiner Reihe „Aromenfeuerwerk“ wäre ohne die vielen lieben Menschen an meiner Seite nicht denkbar gewesen.

Meinem Mann Michael gebührt der größte Dank. Wieder einmal habe ich ein großes Projekt zu Ende gebracht, das ohne dich so nicht möglich gewesen wäre. Du hattest immer Verständnis, wenn ich unzählige Überstunden gemacht habe und Wochenenden mit Shootings ausgefüllt waren – deine Geduld ist einmalig. Du denkst mit, baust mich in Momenten des Zweifels wieder auf und bringst mich in stressigen Situationen zum Lachen. Danke, dass du mir in arbeitsreichen Wochen den Rücken freigehalten und mit Marie spannende Dinge unternommen hast, damit ich in Ruhe arbeiten konnte. Du bist der großartigste Papa, den man sich wünschen kann. Danke für dein Verständnis, für deine Unterstützung .... Danke für einfach alles, mein Schatz.

Ebenso möchte ich *meiner Mama Conny* von ganzem Herzen danken. Die letzten Jahre durfte ich nicht nur an vielen großen beruflichen Projekten arbeiten. Ich habe gleichzeitig versucht, die größte und wichtigste Aufgabe meines Lebens liebevoll zu meistern – meinen Job als Mama einer wundervollen Tochter. Ein ganz schöner Spagat, der ohne dich, liebe Mama, niemals denkbar gewesen wäre. Ich danke dir sehr dafür, dass du mich so ausdauernd und liebevoll unterstützt. Wenn ich sehe und spüre, mit welcher Hingabe und Liebe du Marie umsorgst, geht mir mein Mama-Herz vor Freude auf.

Danke an mein *Mariechen,* das süßeste, tollste und lustigste kleine Mädchen der Welt. Du erdest mich, zeigst mir, was im Leben wirklich wichtig ist, und probierst dich mittlerweile fleißig durch die Rezepte aus meinen Büchern hindurch. Ich bin sehr dankbar, dass du alle Buchproduktionen so geduldig mitmachst. Und ich bin natürlich superstolz, wenn du mir beim Styling helfen willst oder neugierig neben mir stehst, bis du das Rezept kosten kannst. Du machst mich unendlich glücklich, mein Kind.

Danke *Papa,* für die tollen Gespräche mit dir, dein immer offenes Ohr und deine Aufmunterungen. Du glaubst an mich, und das gibt mir viel Kraft. Du erinnerst mich immer wieder daran, das Privatleben nicht aus den Augen zu verlieren und meine Zeit sinnvoll zu nutzen. Diese Erinnerungen sind sehr wichtig für mich.

Danke an meinen *Zweitpapa Heinz,* der zusammen mit meiner Mama mein Mariechen das ein oder andere Mal so liebevoll bespaßt hat, während ich in meinem Studio ein Rezept nach dem anderen fotografiert habe. Wenn ich Mariechen so gut umsorgt weiß, kann ich entspannt und konzentriert arbeiten.

Danke an meine *Freundin Marina.* Du hast den Wahnsinn einer Kochbuchproduktion mehr als einmal hautnah miterlebt. Deine lieben Worte, deine Freundschaft und deine Unterstützung bedeuten mir unheimlich viel. Was bin ich froh, dass mich mein Instinkt an jenem legendären Abend in das heimatliche Restaurant geführt hat.

Danke an meinen *Bruder Christian.* Uns vereint eine besondere Leidenschaft für leckeres und gutes Essen, und das macht mich sehr glücklich. In der letzten Zeit haben wir uns beide mit gesunder Ernährung befasst – auch hier haben wir wieder etwas gemeinsam und können uns wunderbar austauschen. Als Geschwister die gleiche Leidenschaft zu haben, das ist einfach fabelhaft. Danke fürs Mitfiebern und Daumendrücken.

Ein ganz lieber Dank gilt auch meiner *Schwägerin in spe Joanna.* Du verfolgst so gespannt die Entstehung meiner Bücher und hast diesen dritten Band nun sehnsüchtig erwartet. Danke für deinen liebevollen Zuspruch.

Danke an meine *Omi,* du bist die Tollste. Du bist so stolz auf all meine Projekte und Bücher und zeigst sie allen, die du kennst. Deine Freude an meinen Büchern macht mich richtig glücklich. Danke, dass du das Besondere in jedem einzelnen Buch siehst.

Danke an meine *Schwiegermama Annegret* für deine Unterstützung. Marie hat während der Entstehungsphase dieses Buches die eine oder andere Bratwurst mit dir in der Stadt verdrückt, und ich konnte mich in der Zwischenzeit in Ruhe meinen Shootings widmen.

Danke an *viele weitere Freunde und Familienmitglieder,* die mich unterstützen, mir mit Rat und Tat zur Seite stehen und mich in zweifelnden Momenten aufbauen. Eure lieben Worte beflügeln mich immer wieder.

Vielen Dank an das großartige *Verlags-Team* hinter meinen drei Büchern. Ich danke euch sehr für das große Vertrauen und die Möglichkeit, meine Rezepte und Fotos in eine Kochbuch-Reihe zu verwandeln. Mit eurer Hilfe kann ich meine Leidenschaft für gutes Essen weitergeben. Ich danke allen aus dem Verlag für die schöne Umsetzung meiner Ideen.

Einen großen Dank an meine Lektorin *Elke Sagenschneider.* Wieder einmal haben Sie meine langen Texte mit Ihren endlosen Sätzen in eine ganz wundervolle, harmonische Form gebracht. Mit Ihnen macht es mir riesigen Spaß, an solchen Großprojekten zu arbeiten und zwischendrin über die leckersten Gerichte zu fachsimpeln. Danke für Ihre Unterstützung.

WEITERE BÜCHER DER AUTORIN

AROMENFEUERWERK

Gerichte mit Gewürzen, Kräutern und Früchten
240 Seiten, 22 x 26 cm

ISBN 978-3-86355-449-1

29,99 € (D) / 30,90 € (A)

AROMENFEUERWERK – MEINE KREATIVE LANDKÜCHE

Besondere Rezepte für alle Jahreszeiten
240 Seiten, 22 x 26 cm

ISBN 978-3-86355-752-2

29,99 € / 30,90 € (A)

REGISTER

A

Abend-Drink 56
Acai Smoothie 59
Apfelkuchen mit Vanille und Dattelkaramell 223
Avocado
Frühlingsrollen mit veganem Chili und Avocado-Ranch-Dip 172
Herzhafte Waffeln mit Sesam-Edamame und Avocado 39
Kichererbseneintopf mit Mandeln, Avocado-Minz-Salat und Bulgur 198
Platte geröstete Kartoffeln mit Apfel, Kresse und Avocado 167
Sandwich mit Edamame, Avocado und viel Koriander 72
Schokoladen-Zucchini-Kuchen mit Avocado-Frosting 228
Spinatbrot mit Cashew Cheese und Avocado-Kichererbsen-Mash 78
Tacos mit Avocadocreme, Pulled Mushrooms und Salsa 160
Avocado-Frosting 228
Avocado-Kichererbsen-Mash 78
Avocado-Minz-Salat 198
Avocado-Ranch-Dip 172

B

Beeren
Acai Smoothie 59
Brombeer-Chia-Marmelade mit Thymian und Pfeffer 18
Himbeermarmelade mit Vanille 21
Kürbisspalten mit Himbeer-Ketchup 108
Layered Nicecream 224
Pfeffriges Granola mit Avocado, Erdnuss-Dattel-Creme und Erdbeeren 27
Pflaumen-Acai-Bowl 231
Roggenbrot mit Ricotta-Aufstrich, Zimt-Pfirsichen und Brombeeren 69
Warme Beeren mit Kokosblütenzucker und Granola 219
Wildreis mit Früchten, Zwetschgen-Lakritz-Dressing und Nusscreme 141
Blumenkohl
Brokkoli-Blumenkohl-Salat mit Mandeln, Couscous und Datteln 135
Geröstete Blumenkohl-Knoblauch-Suppe 112
Blutorangensirup 25
Bohnen, dicke
Wildreissalat mit dicken Bohnen, Zucchini, Pilzen und Tahin-Dressing 151
Bohnen, weiße
Roggensandwich mit gestampften Bohnen, Spinat, Pilzen und Kapern 71
Spinat-Crêpes mit Bohnenpüree, Pilzen, Zwiebeln und Kresse 163
Weiße Bohnensuppe mit Croûtons, Sonnenblumenkernen und Kresse 125
Bratlinge
Brokkoli-Quinoa-Bällchen mit Cashew-Mayonnaise 99
Kichererbsen-Puffer mit Hummus, Joghurt und Majoran 105
Rote-Bete-Quinoa-Bratlinge mit Minz-Limetten-Joghurt 91
Brokkoli
Brokkoli-Blumenkohl-Salat mit Mandeln, Couscous und Datteln 135
Brokkoli-Quinoa-Bällchen mit Cashew-Mayonnaise 99
Brown Rice Bowl mit Spinat-Rührei, Brokkoli und Pilzen 35
Detox-Brokkolisalat 136
Grünes Hummus mit Dinkel-Naan-Brot 89
Brokkoli-Blumenkohl-Salat mit Mandeln, Couscous und Datteln 135
Brokkoli-Quinoa-Bällchen mit Cashew-Mayonnaise 99
Brombeer-Chia-Marmelade mit Thymian und Pfeffer 18
Brot *Siehe auch* **Naan**
Kerniges Brot mit Szechuanpfeffer und Cashew Cheese 77
Mediterranes Pfannenbrot 85
Spinatbrot mit Cashew Cheese und Avocado-Kichererbsen-Mash 78
Brown Rice Bowl mit Spinat-Rührei, Brokkoli und Pilzen 35
Buchweizen
Buchweizen-Früchte-Granola mit selbst gemachtem Mandeldrink 13
Miso-Tofu-Bowl mit Soba-Nudeln 193
Pfeffriges Granola mit Avocado, Erdnuss-Dattel-Creme und Erdbeeren 27
Ramen-Suppe 126
Soba-Nudelsalat mit Ingwer-Tahin-Dressing 153
Spinat-Crêpes mit Bohnenpüree, Pilzen, Zwiebeln und Kresse 163
Buchweizen-Früchte-Granola mit selbst gemachtem Mandeldrink 13
Bulgur
Frühstücks-Bulgur mit Halloumi, Eiern und Dukkah 29
Kichererbseneintopf mit Mandeln, Avocado-Minz-Salat und Bulgur 198

C

Carrot Cake Energy Balls 217
Cashew Cheese
Dinkel-Pizza mit Spinatpesto, Cashew Cheese und viel Grünzeugs 171
Kerniges Brot mit Szechuanpfeffer und Cashew Cheese 77
Spinatbrot mit Cashew Cheese und Avocado-Kichererbsen-Mash 78
Cashew-Creme 195
Cashew-Erdnuss-Creme 107
Cashew-Mayonnaise 99
Chili, veganes
Frühlingsrollen mit veganem Chili und Avocado-Ranch-Dip 172
Couscous
Brokkoli-Blumenkohl-Salat mit Mandeln, Couscous und Datteln 135
Crêpes
Indische Kichererbsen-Crêpes mit Röstgemüse, Hummus und Cashews 177
Spinat-Crêpes mit Bohnenpüree, Pilzen, Zwiebeln und Kresse 163
Curry-Tahin-Sauce 169

D

Datteln
Apfelkuchen mit Vanille und Dattelkaramell 223
Brokkoli-Blumenkohl-Salat mit Mandeln, Couscous und Datteln 135
Buchweizen-Früchte-Granola mit selbst gemachtem Mandeldrink 13
Carrot Cake Energy Balls 217
Energy Balls 17
Gefüllte Datteln mit Erdnusscreme und Schokolade 214
Kichererbseneintopf mit Mandeln, Avocado-Minz-Salat und Bulgur 198
Layered Nicecream 224
Mangoldpäckchen mit Curry-Tahin-Sauce 169
Peanutbutter Energy Balls 22
Pfeffriges Granola mit Avocado, Erdnuss-Dattel-Creme und Erdbeeren 27
Raw Brownie Bites mit Karamell und Meersalz 209
Süßkartoffel-Rosenkohl-Salat 147
Detox-Brokkolisalat 136
Dinkel
Apfelkuchen mit Vanille und Dattelkaramell 223
Dinkel-Pizza mit Spinatpesto, Cashew Cheese und viel Grünzeugs 171
Grünes Hummus mit Dinkel-Naan-Brot 89
Herzhafte Waffeln mit Sesam-Edamame und Avocado 39
Mangoldpäckchen mit Curry-Tahin-Sauce 169
Mediterranes Pfannenbrot 85
Naan mit scharfen Kichererbsen, Pilzen und Mangold 164
Naan mit zimtigem Kürbis, Rosmarin-Apfel und gerösteten Walnüssen 189
Parmesan-Dinkel-Shortbreads mit Kräutern 86
Rote-Bete-Schokoladen-Kuchen mit Kaffee und Mandeln 232
Schokoladen-Zucchini-Kuchen mit Avocado-Frosting 228
Spinatbrot mit Cashew Cheese und Avocado-Kichererbsen-Mash 78
Tacos mit Pulled Jackfruit, Quick Pickles und Tomaten-Salsa 157
Tomaten mit Dinkelsalat und Miso-Tahin-Dressing 143
Tortellini mit Ziegenfrischkäse, Nüssen, Maronen und Kürbissauce 181
Dinkel-Pizza mit Spinatpesto, Cashew Cheese und viel Grünzeugs 171
Dressings
Ingwer-Tahin-Dressing 153
Miso-Tahin-Dressing 143
Tahin-Dressing 151
Zwetschgen-Lakritz-Dressing 141

E

Edamame
Edamame-Dip 101
Herzhafte Waffeln mit Sesam-Edamame und Avocado 39
Miso-Tofu-Bowl mit Soba-Nudeln 193
Sandwich mit Edamame, Avocado und viel Koriander 72
Edamame-Dip 101
Energy Balls 17
Carrot Cake Energy Balls 217
Peanutbutter Energy Balls 22
Erbsen-Falafel-Bowl 203
Erdnusscreme 94
Erdnuss-Dattel-Creme 27

F

Falafel
Erbsen-Falafel-Bowl 203
Fruchtiger grüner Smoothie 47
Frühlingsrollen mit veganem Chili und Avocado-Ranch-Dip 172
Frühstücks-Bulgur mit Halloumi, Eiern und Dukkah 29

G

Geeiste Golden Milk 45
Gefüllte Datteln mit Erdnusscreme und Schokolade 214
Gemüsechips mit Cashew-Erdnuss-Creme 107
Gemüse, geröstetes
Hummus mit geröstetem Gemüse 97
Indische Kichererbsen-Crêpes mit Röstgemüse, Hummus und Cashews 177
Kichererbsen-Pfannkuchen mit geröstetem Gemüse 37
Süßkartoffel-Rosenkohl-Salat 147
Geröstete Blumenkohl-Knoblauch-Suppe 112
Granola
Buchweizen-Früchte-Granola mit selbst gemachtem Mandeldrink 13
No Bake Granola Bars 15
Pfeffriges Granola mit Avocado, Erdnuss-Dattel-Creme und Erdbeeren 27
Schoko-Granola mit Joghurt, Granatapfel und Blutorangensirup 25
Warme Beeren mit Kokosblütenzucker und Granola 219
Grünes Hummus mit Dinkel-Naan-Brot 89
Gurkensalat 139

H

Herzhafte Waffeln mit Sesam-Edamame und Avocado 39
Himbeer-Ketchup 108
Himbeermarmelade mit Vanille 21
Holundersaft 55
Hummus
Erbsen-Falafel-Bowl 203
Grünes Hummus mit Dinkel-Naan-Brot 89
Hummus mit geröstetem Gemüse 97
Indische Kichererbsen-Crêpes mit Röstgemüse, Hummus und Cashews 177
Kichererbsen-Puffer mit Hummus, Joghurt und Majoran 105
Süßkartoffel-Hummus 195
Hummus mit geröstetem Gemüse 97

I

Immune Boosting Möhren-Ingwer-Zitronen-Shots 62
Indische Kichererbsen-Crêpes mit Röstgemüse, Hummus und Cashews 177
Ingwer-Tahin-Dressing 153

J

Jackfruit
Tacos mit Pulled Jackfruit, Quick Pickles und Tomaten-Salsa 157

K

Karamell
Apfelkuchen mit Vanille und Dattelkaramell 223
Raw Brownie Bites mit Karamell und Meersalz 209
Kartoffeln
Platte geröstete Kartoffeln mit Apfel, Kresse und Avocado 167

Kerniges Brot mit Szechuanpfeffer und Cashew Cheese 77
Kichererbsen
Kichererbseneintopf mit Mandeln, Avocado-Minz-Salat und Bulgur 198
Kichererbsen-Puffer mit Hummus, Joghurt und Majoran 105
Kichererbsen-Quinoa-Salat mit Halloumi 144
Marokkanische Kichererbsen-Linsen-Suppe mit Koriander 131
Naan mit scharfen Kichererbsen, Pilzen und Mangold 164
Kichererbseneintopf mit Mandeln, Avocado-Minz-Salat und Bulgur 198
Kichererbsen-Pfannkuchen mit geröstetem Gemüse 37
Kichererbsen-Puffer mit Hummus, Joghurt und Majoran 105
Kichererbsen-Quinoa-Salat mit Halloumi 144
Kürbis
Kürbisspalten mit Himbeer-Ketchup 108
Naan mit zimtigem Kürbis, Rosmarin-Apfel und gerösteten Walnüssen 189
Kürbissauce 181
Kürbisspalten mit Himbeer-Ketchup 108

L

Layered Nicecream 224
Linsen
Marokkanische Kichererbsen-Linsen-Suppe mit Koriander 131

M

Mandeldrink, selbst gemachter 13
Mandel-Rucola-Pesto 182
Mango-Koriander-Salsa 185
Mangoldpäckchen mit Curry-Tahin-Sauce 169
Mangold-Wraps mit Süßkartoffel-Hummus, Tofu und Cashew-Creme 195
Marmelade
Brombeer-Chia-Marmelade mit Thymian und Pfeffer 18
Himbeermarmelade mit Vanille 21
Marokkanische Kichererbsen-Linsen-Suppe mit Koriander 131
Matcha Latte mit selbst gemachtem Pistaziendrink 49
Mediterranes Pfannenbrot 85
Minz-Limetten-Joghurt 91
Miso-Tahin-Dressing 143
Miso-Tofu-Bowl mit Soba-Nudeln 193
Möhren
Carrot Cake Energy Balls 217
Erbsen-Falafel-Bowl 203
Immune Boosting Möhren-Ingwer-Zitronen-Shots 62
Mangold-Wraps mit Süßkartoffel-Hummus, Tofu und Cashew-Creme 195
Möhren-Ingwer-Suppe 123
Quick-Pickled-Gemüse 102
Röstmöhren mit Erdnusscreme, Granatapfel und Pfeffer-Honig 94
Rote Bete Juice 50
Soba-Nudelsalat mit Ingwer-Tahin-Dressing 153
Möhren-Ingwer-Suppe 123
Möhren-Ingwer-Zitronen-Shot
Immune Boosting Möhren-Ingwer-Zitronen-Shots 62

N

Naan
Grünes Hummus mit Dinkel-Naan-Brot 89
Naan mit scharfen Kichererbsen, Pilzen und Mangold 164
Naan mit zimtigem Kürbis, Rosmarin-Apfel und gerösteten Walnüssen 189
Naan mit scharfen Kichererbsen, Pilzen und Mangold 164
Naan mit zimtigem Kürbis, Rosmarin-Apfel und gerösteten Walnüssen 189
Nicecream
Layered Nicecream 224
No Bake Granola Bars 15
Nusscreme 141

P

Parmesan-Dinkel-Shortbreads mit Kräutern 86
Peanutbutter Energy Balls 22
Pesto
Mandel-Rucola-Pesto 182
Spinatpesto 171
Pfeffer-Honig 94
Pfeffriges Granola mit Avocado, Erdnuss-Dattel-Creme und Erdbeeren 27
Pfirsich
Roggenbrot mit Ricotta-Aufstrich, Zimt-Pfirsichen und Brombeeren 69
Pflaumen-Acai-Bowl 231
Pho
Vegane Zucchini-Pho-Bowl 115
Pilze
Brown Rice Bowl mit Spinat-Rührei, Brokkoli und Pilzen 35
Naan mit scharfen Kichererbsen, Pilzen und Mangold 164
Roggensandwich mit gestampften Bohnen, Spinat, Pilzen und Kapern 71
Spinat-Crêpes mit Bohnenpüree, Pilzen, Zwiebeln und Kresse 163
Tacos mit Avocadocreme, Pulled Mushrooms und Salsa 160
Vegane Zucchini-Pho-Bowl 115
Wildreissalat mit dicken Bohnen, Zucchini, Pilzen und Tahin-Dressing 151
Pistaziendrink, selbst gemachter 49
Pizza
Dinkel-Pizza mit Spinatpesto, Cashew Cheese und viel Grünzeugs 171
Socca-Pizza mit Mandel-Rucola-Pesto, Zucchini, Oliven und Kapern 182
Platte geröstete Kartoffeln mit Apfel, Kresse und Avocado 167

Q

Quick-Pickled-Gemüse 102
Quinoa
Brokkoli-Quinoa-Bällchen mit Cashew-Mayonnaise 99
Detox-Brokkolisalat 136
Kichererbsen-Quinoa-Salat mit Halloumi 144
Rote-Bete-Quinoa-Bratlinge mit Minz-Limetten-Joghurt 91
Warme Quinoa Bowl mit pochiertem Ei und Kräuteröl 32

R

Ramen-Suppe 126
Raw Brownie Bites mit Karamell und Meersalz 209
Reis
Wildreis mit Früchten, Zwetschgen-Lakritz-Dressing und Nusscreme 141

Wildreissalat mit dicken Bohnen, Zucchini, Pilzen und Tahin-Dressing 151
Ricotta-Aufstrich 69
Roggenbrot mit Ricotta-Aufstrich, Zimt-Pfirsichen und Brombeeren 69
Roggensandwich mit gestampften Bohnen, Spinat, Pilzen und Kapern 71
Rosenkohl
Süßkartoffel-Rosenkohl-Salat 147
Röstmöhren mit Erdnusscreme, Granatapfel und Pfeffer-Honig 94
Rote Bete Juice 50
Rote-Bete-Quinoa-Bratlinge mit Minz-Limetten-Joghurt 91
Rote-Bete-Schokoladen-Kuchen mit Kaffee und Mandeln 232

S

Salad Wraps mit Tofu-Crumble und Mango-Koriander-Salsa 185
Salsa
Ananas-Salsa 160
Mango-Koriander-Salsa 185
Tomaten-Salsa 157
Sandwiches
Roggensandwich mit gestampften Bohnen, Spinat, Pilzen und Kapern 71
Sandwich mit Edamame, Avocado und viel Koriander 72
Sandwich mit Edamame, Avocado und viel Koriander 72
Schokobecher, Wohfühl- 61
Schoko-Granola mit Joghurt, Granatapfel und Blutorangensirup 25
Schokoladenkuchen
Rote-Bete-Schokoladen-Kuchen mit Kaffee und Mandeln 232
Schokoladen-Zucchini-Kuchen mit Avocado-Frosting 228
Schokoladen-Zucchini-Kuchen mit Avocado-Frosting 228
Sellerie Juice 64
Shortbread
Parmesan-Dinkel-Shortbreads mit Kräutern 86
Shots
Immune Boosting Möhren-Ingwer-Zitronen-Shots 62
Smoothies
Acai Smoothie 59
Fruchtiger grüner Smoothie 47
Soba-Nudeln
Miso-Tofu-Bowl mit Soba-Nudeln 193
Ramen-Suppe 126
Soba-Nudelsalat mit Ingwer-Tahin-Dressing 153
Socca-Pizza mit Mandel-Rucola-Pesto, Zucchini, Oliven und Kapern 182
Spinat
Acai Smoothie 59
Dinkel-Pizza mit Spinatpesto, Cashew Cheese und viel Grünzeugs 171
Roggensandwich mit gestampften Bohnen, Spinat, Pilzen und Kapern 71
Sellerie Juice 64
Spinatbrot mit Cashew Cheese und Avocado-Kichererbsen-Mash 78
Spinat-Crêpes mit Bohnenpüree, Pilzen, Zwiebeln und Kresse 163
Spinat-Lauch-Suppe mit gefüllten Zucchiniblüten und Cashews 119
Wildreis mit Früchten, Zwetschgen-Lakritz-Dressing und Nusscreme 141
Spinatbrot mit Cashew Cheese und Avocado-Kichererbsen-Mash 78
Spinat-Crêpes mit Bohnenpüree, Pilzen, Zwiebeln und Kresse 163
Spinat-Lauch-Suppe mit gefüllten Zucchiniblüten und Cashews 119
Süße Süßkartoffelscheiben, im Ofen geröstet 213
Süßkartoffeln
Mangold-Wraps mit Süßkartoffel-Hummus, Tofu und Cashew-Creme 195
Süße Süßkartoffelscheiben, im Ofen geröstet 213
Süßkartoffel-Rosenkohl-Salat 147

T

Tacos mit Avocadocreme, Pulled Mushrooms und Salsa 160
Tacos mit Pulled Jackfruit, Quick Pickles und Tomaten-Salsa 157
Thai-Erdnuss-Kokos-Suppe mit Spicy Tofu, Minze und Koriander 128
Tofu
Frühlingsrollen mit veganem Chili und Avocado-Ranch-Dip 172
Mangold-Wraps mit Süßkartoffel-Hummus, Tofu und Cashew-Creme 195
Miso-Tofu-Bowl mit Soba-Nudeln 193
Salad Wraps mit Tofu-Crumble und Mango-Koriander-Salsa 185
Thai-Erdnuss-Kokos-Suppe mit Spicy Tofu, Minze und Koriander 128
Vegane Zucchini-Pho-Bowl 115
Tomaten mit Dinkelsalat und Miso-Tahin-Dressing 143
Tomaten-Salsa 157
Tortellini mit Ziegenfrischkäse, Nüssen, Maronen und Kürbissauce 181

V

Vegane Zucchini-Pho-Bowl 115

W

Waffeln
Herzhafte Waffeln mit Sesam-Edamame und Avocado 39
Warme Beeren mit Kokosblütenzucker und Granola 219
Warme Quinoa Bowl mit pochiertem Ei und Kräuteröl 32
Weiße Bohnensuppe mit Croûtons, Sonnenblumenkernen und Kresse 125
Wildreis mit Früchten, Zwetschgen-Lakritz-Dressing und Nusscreme 141
Wildreissalat mit dicken Bohnen, Zucchini, Pilzen und Tahin-Dressing 151
Wohlfühl-Schokobecher 61

Z

Zucchini
Schokoladen-Zucchini-Kuchen mit Avocado-Frosting 228
Socca-Pizza mit Mandel-Rucola-Pesto, Zucchini, Oliven und Kapern 182
Vegane Zucchini-Pho-Bowl 115
Wildreissalat mit dicken Bohnen, Zucchini, Pilzen und Tahin-Dressing 151
Zucchiniblüten
Spinat-Lauch-Suppe mit gefüllten Zucchiniblüten und Cashews 119
Zwetschgen-Lakritz-Dressing 141

IMPRESSUM

Bibliografische Information der Deutschen Bibliothek.

Die Deutsche Bibliothek verzeichnet diese Publikation in der Deutschen Nationalbibliografie.

Detaillierte bibliografische Daten sind im Internet über http://www.dnb.de/ abrufbar.

EIN BUCH DER EDITION MICHAEL FISCHER

2. Auflage 2019

Projektleitung: Marline Ernzer
Covergestaltung, Layout und Satz: Bernadett Linseisen
Lektorat: Elke Sagenschneider, Texte und Projekte, München
Texte und Fotografie: Katharina Küllmer, Espenau

ISBN 978-3-96093-281-9

Gedruckt bei Polygraf Print, Čapajevova 44, 08001 Prešov, Slowakei

www.emf-verlag.de